MATEMÁTICA

MARCHA CRIANÇA

3º ANO

CB136222

Maria Teresa Marsico

Professora graduada em Letras pela Universidade Federal do Rio de Janeiro (UFRJ) e em Pedagogia pela Sociedade Unificada de Ensino Superior Augusto Motta. Atuou por mais de trinta anos como professora de Educação Infantil e Ensino Fundamental das redes municipal e particular no município do Rio de Janeiro.

Maria Elisabete Martins Antunes

Professora graduada em Letras pela Universidade Federal do Rio de Janeiro (UFRJ). Atuou durante trinta anos como professora titular em turmas do 1º ao 5º ano na rede municipal de ensino do Rio de Janeiro.

Armando Coelho de Carvalho Neto

Atua desde 1981 com alunos e professores das redes oficial e particular de ensino do Rio de Janeiro. Desenvolve pesquisas e estudos sobre metodologias e teorias modernas de aprendizado. É autor de obras didáticas para Ensino Fundamental e Educação Infantil desde 1993.

Agora você também consegue acessar o *site* exclusivo da **Coleção Marcha Criança** por meio deste QR code.

Basta fazer o *download* de um leitor QR code e posicionar a câmera de seu celular ou *tablet* como se fosse fotografar a imagem acima.

editora scipione

editora scipione

Diretoria de conteúdo e inovação pedagógica
Mário Ghio Júnior
Diretoria editorial
Lidiane Vivaldini Olo
Gerência editorial
Luiz Tonolli
Editoria de Anos Iniciais
Tatiany Telles Renó
Edição
Angela Adriana de Souza
Arte
Ricardo de Gan Braga (superv.),
Andréa Dellamagna (coord. de criação),
Gláucia Correa Koller (progr. visual de capa e miolo),
Cláudio Faustino (editor de arte) e
Casa de Tipos (diagram.)
Revisão
Hélia de Jesus Gonsaga (ger.)
Rosângela Muricy (coord.)
Ana Curci (prep.), Claudia Virgilio,
Gabriela Macedo de Andrade
Vanessa de Paula Santos e
Brenda Morais (estag.)
Iconografia
Sílvio Kligin (superv.),
Claudia Bertolazzi (pesquisa),
Cesar Wolf e Fernanda Crevin (tratamento de imagem)
Ilustrações
ArtefatoZ (capa) Ilustra Cartoon, MW Editora Ilustrações Ltda.
Avalone e Douglas Galindo (miolo)

Direitos desta edição cedidos à Editora Scipione S.A.
Av. das Nações Unidas, 7221, 3º andar, Setor D
Pinheiros – São Paulo – SP – CEP 05425-902
Tel.: 4003-3061
www.scipione.com.br / atendimento@scipione.com.br

Dados Internacionais de Catalogação na Publicação (CIP)
(Câmara Brasileira do Livro, SP, Brasil)

Marsico, Maria Teresa
Marcha criança : matemática, 3º ano: ensino fundamental / Maria Teresa Marsico, Maria Elisabete Martins Antunes, Armando Coelho de Carvalho Neto. – 5. ed. – São Paulo: Scipione, 2015. – (Coleção marcha criança)
Bibliografia.
1. Matemática (Ensino fundamental) I. Antunes, Maria Elisabete Martins. II. Carvalho Neto, Armando Coelho de. III. Título. IV. Série.

15-02843 CDD–372.7

Índice para catálogo sistemático:
1. Matemática : Ensino fundamental 372.7

2017

ISBN 978 85 262 9592 6 (AL)
ISBN 978 85 262 9591 9 (PR)

Cód. da obra CL 738983

CAE 541 821 (AL) / 541 822 (PR)

5ª edição
5ª impressão

Impressão e acabamento
Brasilform Editora e Ind. Gráfica

Os textos sem referência são de autoria de Teresa Marsico e Armando Coelho.

Apresentação

Querido aluno, querida aluna,

Preparamos este livro com muito carinho especialmente para você. Ele está repleto de situações e atividades motivadoras, que certamente despertarão seu interesse e lhe proporcionarão muitas descobertas. Esperamos que com ele você encontre satisfação no constante desafio de aprender!

Ao final de cada Unidade apresentamos a seção **Ideias em ação**. Nela, você e seus colegas colocarão em prática alguns dos conhecimentos adquiridos no decorrer de seus estudos.

Além disso, como novidade, temos a seção **O tema é...**, trazendo para você temas para discutir, opinar e conhecer mais. De modo envolvente, essa seção preparará você e seus colegas para compreender melhor o mundo em que vivemos.

Crie, opine, participe, aprenda e colabore para fazer um mundo melhor. E lembre-se sempre de compartilhar seus conhecimentos com todos a sua volta.

ArtefatoZ/Arquivo da editora

Bons estudos e um forte abraço,

Maria Teresa,
Maria Elisabete e
Armando

Conheça seu livro

Veja a seguir como o seu livro está organizado.

Unidade

Seu livro está organizado em quatro Unidades. As aberturas são em páginas duplas. Em **Vamos conversar?** você e seus colegas discutem algumas questões e conversam sobre a imagem de abertura. Em **O que vou estudar?** você encontra um resumo do que vai aprender em cada Unidade.

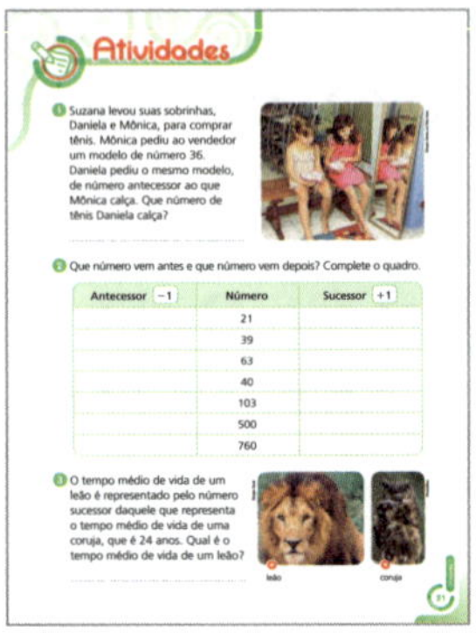

Atividades

Momento de aplicar o conhecimento na prática por meio de atividades diversificadas.

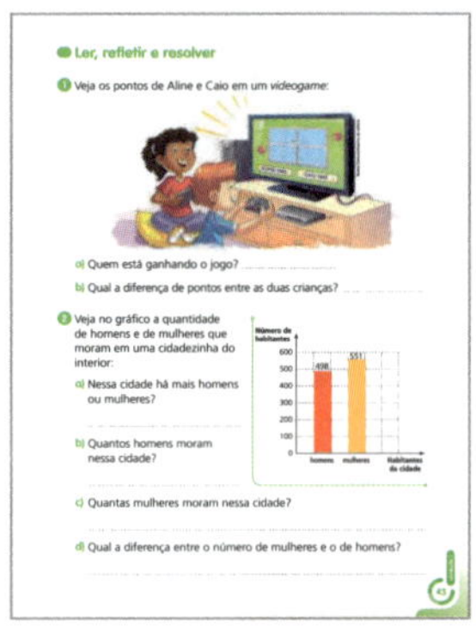

Ler, refletir e resolver

Uma série de problemas que exploram o conteúdo estudado e a Matemática do dia a dia.

O tema é...

Seção que traz temas para você discutir, opinar e aprender mais!

Ideias em ação

Esta seção encerra a Unidade. Nela, você faz uma atividade prática e pode usar o **Caderno de ideias em ação**.

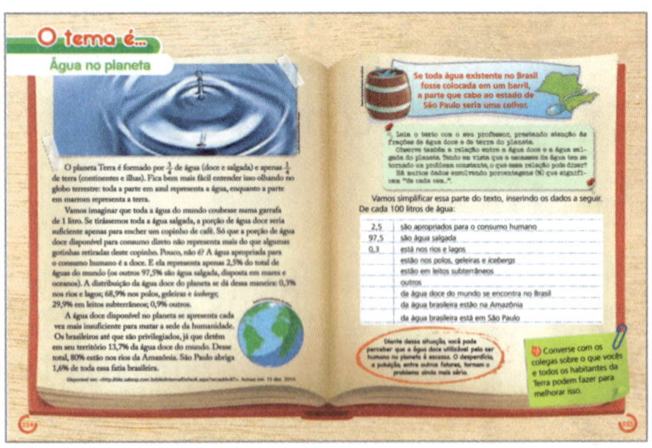

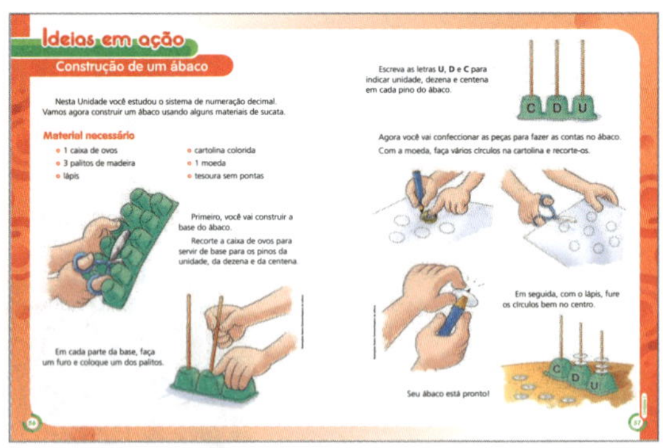

Glossário

Apresentação dos principais conteúdos de maneira resumida e organizados em ordem alfabética.

Sugestões para o aluno

Os livros sugeridos vão ajudá-lo a entender como a Matemática pode sair da sala de aula e se relacionar com temas do cotidiano.

Materiais de apoio

Caderno de criatividade e alegria

Conjunto de atividades para você brincar e aprender mais.

Caderno de jogos

Material que explora o conteúdo matemático por meio de atividades lúdicas: **Material dourado**, **Quebra-cabeça** e **Jogo das medidas**.

Caderno de ideias em ação

Conjunto de materiais manipuláveis, especialmente elaborados para você usar na seção **Ideias em ação**.

Página +

No final do livro você encontra uma página especial, que destaca alguns dos assuntos explorados no livro.

Quando você encontrar estes ícones, fique atento!

atividade oral

atividade no caderno

atividade em grupo

OED Este ícone indica objetos educacionais digitais (OEDs) relacionados aos conteúdos do livro. Acesse: <www.marchacrianca.com.br>.

Sumário

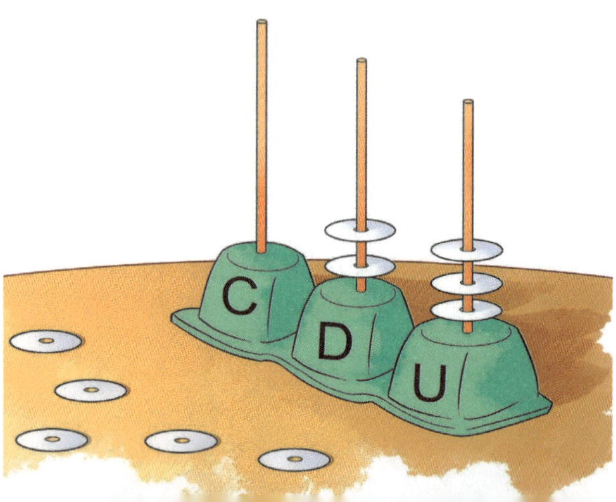

Ilustrações: Ilustra Cartoon/Arquivo da editora

Ilustrações: Ilustra Cartoon/Arquivo da editora

UNIDADE

1 Números naturais

Vamos conversar?

- Como a Matemática está sendo usada em cada cena?
- Em sua opinião, o que a menina quis dizer com "ainda são 7 horas"?
- A menina pediu duas meias-entradas. Por que ela mostra a carteira de estudante?

O que vou estudar?

- Números naturais
- Sistemas de numeração

Ilustra Cartoon/Arquivo da editora

Capítulo 1

Números naturais

Você já observou como utilizamos números no dia a dia?

Os números estão tão presentes em nosso cotidiano que não conseguimos nem imaginar como seria a vida sem eles, não é mesmo?

A história dos números

Como o ser humano contava e registrava as quantidades quando os números ainda não existiam?

Os pastores, para controlar o rebanho, soltavam seus animais pela manhã e colocavam uma pedrinha em um saco para cada animal que saía do pasto. No final da tarde, retiravam uma pedrinha do saco para cada animal que voltava.

Eles também contavam as ovelhas fazendo nós em cordas e marcas em ossos ou em pedaços de madeira.

Usavam pedrinhas.

Faziam nós em cordas.

Faziam marcas em pedaços de pau.

Ilustrações: Ilustra Cartoon/Arquivo da editora

Com o passar do tempo foram surgindo outras atividades que exigiam novas formas de contagem e registro.

Sistema de numeração romano

Na Antiguidade, os romanos usavam sete letras maiúsculas para representar os números (eles não simbolizavam o zero).

Os símbolos utilizados eram números romanos.

Sylvie Bouchard/Shutterstock/Glow Images

I	V	X	L	C	D	M
1	5	10	50	100	500	1 000

Você vê números romanos em seu dia a dia? Provavelmente sim. É comum eles aparecerem em relógios e em capítulos de livros. Comece a reparar ao seu redor.

Os outros números são formados pela combinação dessas letras.

- As letras V, L, D não podem ser repetidas.
- As letras I, X, C, M são repetidas no máximo três vezes no mesmo número.

Quando há repetição da mesma letra, fazemos uma adição.

III = 1 + 1 + 1 = 3
XX = 10 + 10 = 20

Quando esses números estão à esquerda, fazemos uma subtração.

IV = 5 − 1 = 4
XL = 50 − 10 = 40

Número menor à esquerda	
IV = 4	5 − 1
IX = 9	10 − 1
XL = 40	50 − 10
XC = 90	100 − 10
CD = 400	500 − 100
CM = 900	1 000 − 100

Número menor à direita	
VI = 6	5 + 1
XI = 11	10 + 1
LX = 60	50 + 10
CX = 110	100 + 10
DC = 600	500 + 100
MC = 1 100	1 000 + 100

Lembre-se: quando o número menor vem à **esquerda**, você **subtrai**, quando o número menor vem à **direita** você **soma**.

Atividades

1 Complete o quadro com os números romanos até 50.

1	I	11		21		31	XXXI	41	
2	II	12		22		32		42	
3	III	13		23		33	XXXIII	43	
4	IV	14	XIV	24	XXIV	34		44	
5	V	15	XV	25		35	XXXV	45	XLV
6		16		26	XXVI	36		46	XLVI
7	VII	17		27		37		47	
8		18		28		38		48	
9	IX	19		29		39		49	XLIX
10		20	XX	30	XXX	40	XL	50	L

2 Escreva com algarismos os símbolos romanos que aparecem nas imagens.

Ilustrações: Ilustra Cartoon/Arquivo da editora

3 Escreva no sistema de numeração romano:

16 → ....
18 → ....
71 → ....
30 → ....
36 → ....
80 → ....
27 → ....
51 → ....

4 Descubra os enigmas e encontre números romanos.

Sou a penúltima letra da palavra BRUXA. → ☐

Sou a primeira letra da palavra MATEMÁTICA. → ☐

Começo a palavra IRMÃO. → ☐

Sou a última letra da palavra MEL. → ☐

Fico no meio da palavra UVA. → ☐

5 Descubra a sequência e numere os escudos:

Avalone/Arquivo da editora

Atualmente, usamos os símbolos indo-arábicos: 0, 1, 2, 3, 4, 5, 6, 7, 8 e 9. Esses símbolos são chamados **algarismos**. Com o uso de algarismos podemos escrever qualquer número natural.

Exemplos:

Quantos são os participantes desta festa?

Ilustrações: Ilustra Cartoon/Arquivo da editora

São 9 pessoas. O número 9 é formado por um algarismo.

Quantos são os brigadeiros?

São 18 brigadeiros. O número 18 é formado por dois algarismos.

Iniciando pelo zero e acrescentando sempre uma unidade, temos a sequência dos números naturais, que é infinita.

0, 1, 2, 3, 4, 5, 6, 7, 8, 9, 10, 11, 12, 13, 14, 15...

Atividades

1 Preencha com seus dados.

Data de nascimento: dia: .... mês: .... ano: ....

Idade: .... anos. Peso: .... quilogramas

Altura: .... centímetros

Número que calça: ....

Número de pessoas que moram com você: ....

Número do telefone (de casa ou da escola): ....

2 O gráfico mostra o número de meninos e de meninas do 3º ano que se inscreveram no curso de flauta.

MW Editora Ilustrações Ltda./Arquivo da editora

- Registre:

  a) Quantos meninos se inscreveram no curso? ....

  b) E quantas meninas? ....

  c) Qual é o total de inscritos? ....

3 Quantos triângulos há na figura? ....

Rubens Chaves

4 Leia.

As rodas são muito antigas. As crianças da Europa, e nas aldeias dos tempos da Idade Média, já brincavam de roda. [...]

Esta brincadeira é conhecida como ciranda, cirandinha; roda cantada ou brinquedo cantado. As crianças dão-se as mãos, formando uma roda, e caminham em círculos, numa mesma direção, cantando ou não.

A ciranda também é uma brincadeira comum entre adultos, principalmente na região Nordeste.

Técnica mista sobre eucatex/Coleção particular

Ciranda, de Gilvan Samico, 1977.

Brinquedos e brincadeiras, de Nereide Schilaro Santa Rosa. São Paulo: Moderna.

a) Quantas pessoas formam a roda? ....

b) Quantas estão fora da roda? ....

c) E dentro? ....

5 Desenhe no caderno algumas situações em que você precisa usar número.

6 Os números são usados para contar, medir, ordenar e codificar. Observe cada cena e escreva para que os números estão sendo usados:

Ilustrações: Ilustra Cartoon/Arquivo da editora

....

....

....

....

....

....

Comparação de quantidades (igual, diferente, maior e menor)

Os números que usamos para contar são os **números naturais**.

Para obter a sequência dos números naturais, iniciamos pelo zero e acrescentamos sempre uma unidade. Essa sequência é infinita.

0, 1, 2, 3, 4, 5, 6, 7, 8, 9, 10, 11, 12, 13, 14, 15...

> O menor número natural é o zero.

Com os números naturais você pode descobrir se um número é maior ou menor que outro. Observe os lápis de Antônio:

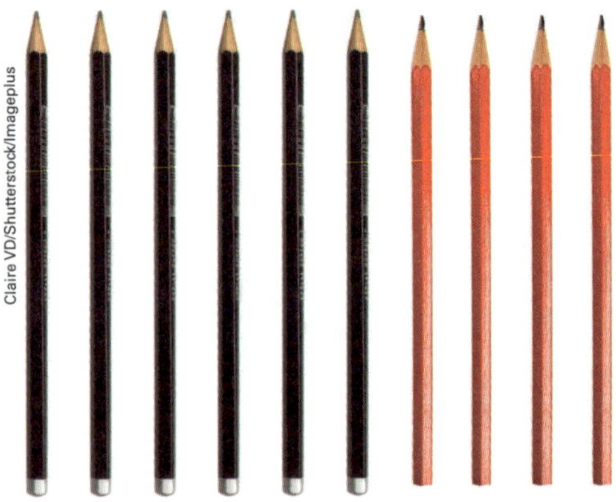

Claire VD/Shutterstock/Imageplus

Garsya/Shutterstock/Imageplus

6 é maior que 4 → $6 > 4$

4 é menor que 6 → $4 < 6$

Observe a quantidade de balas.

Renata Osinska/Shutterstock/Imageplus

Cobalt88/Shutterstock/Imageplus

A quantidade de balas azuis e vermelhas é a mesma.

4 é igual a 4 → $4 = 4$

Mas, se houvesse uma bala a mais da azul, as quantidades seriam diferentes:

4 é diferente de 5 → $4 \neq 5$

Atividades

1 Observe os brinquedos na barraca da festa da escola.

Ilustra Cartoon/Arquivo da editora

a) Quais brinquedos aparecem na mesma quantidade?

....

b) Qual brinquedo aparece mais vezes? ....

c) Qual brinquedo aparece menos vezes? ....

d) Agora complete as sentenças com a palavra **maior**, **menor** ou **igual a**:

3 é .... 3.

2 é .... que 4.

4 é .... que 2.

4 é .... que 3.

2 Complete com = ou ≠:

$6 + 4$ .... $5 + 5$ $4 + 7$ .... $6 + 6$ $3 + 5$ .... $4 + 4$

$1 + 3$ .... $2 + 2$ $9 - 7$ .... $2 + 0$ $6 - 2$ .... $8 - 3$

3 Complete com < ou >:

12 .... 10 $7 + 8$ .... 16 $6 + 6$ 11

$8 - 5$ .... 2 7 .... 2 $5 + 3$ 6

Antecessor e sucessor

Observe a sequência numérica nesta régua. Nela aparecem os números de 0 a 20.

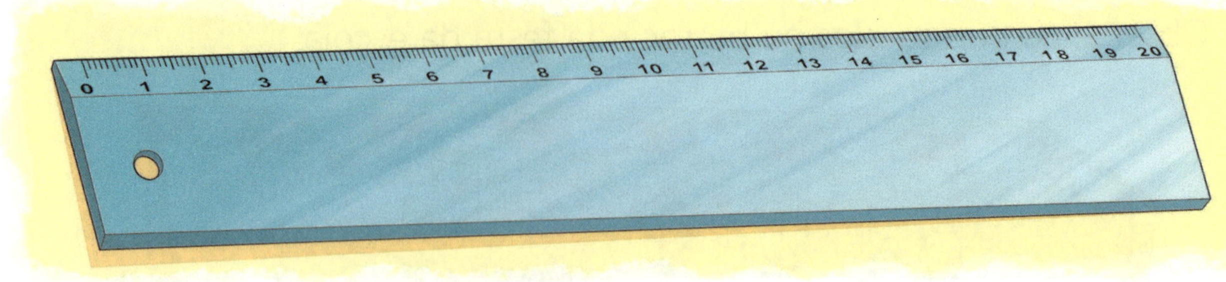

Ilustrações: Ilustra Cartoon/Arquivo da editora

- Qual é o número que aparece imediatamente antes do 12?

> O número 11 é o **antecessor** do 12.

- Qual é o número que aparece imediatamente depois do 12?

> O número 13 é o **sucessor** do 12.

Ordem crescente e ordem decrescente

Veja como Célia organizou as fichas abaixo, colocando primeiro os números do menor para o maior e depois do maior para o menor.

Do menor para o maior ⟶ **ordem crescente**

Do maior para o menor ⟶ **ordem decrescente**

Atividades

1 Suzana levou suas sobrinhas, Daniela e Mônica, para comprar tênis. Mônica pediu ao vendedor um modelo de número 36. Daniela pediu o mesmo modelo, de número antecessor ao que Mônica calça. Que número de tênis Daniela calça?

....

Sérgio Dotta Jr./The Next

2 Que número vem antes e que número vem depois? Complete o quadro.

Antecessor −1	Número	Sucessor +1
	21	
	39	
	63	
	40	
	103	
	500	
	760	

3 O tempo médio de vida de um leão é representado pelo número sucessor daquele que representa o tempo médio de vida de uma coruja, que é 24 anos. Qual é o tempo médio de vida de um leão?

....

Sérgio Dutti

leão

PhotoDisc

coruja

4 Ordene os números:

a) do maior para o menor. **27 – 46 – 84 – 125 – 34 – 231**

Avalone/Arquivo da editora

b) do menor para o maior. **85 – 130 – 91 – 73 – 15 – 68 – 36**

5 Compare os números escritos nos quadrinhos e escreva uma sentença matemática usando o símbolo <:

99 | 100 → ....

186 | 197 → ....

178 | 97 → ....

255 | 155 → ....

6 Coloque os números do cartão em ordem crescente. Use o símbolo <:

29	60	85	7
71	93	5	45
95	53	37	2
23	90	77	9

....

....

Matemática e diversão

Meio dominó

Observe as peças abaixo e os sinais > (maior que) e < (menor que). Em seguida, pinte de amarelo a parte do dominó cujo número é maior.

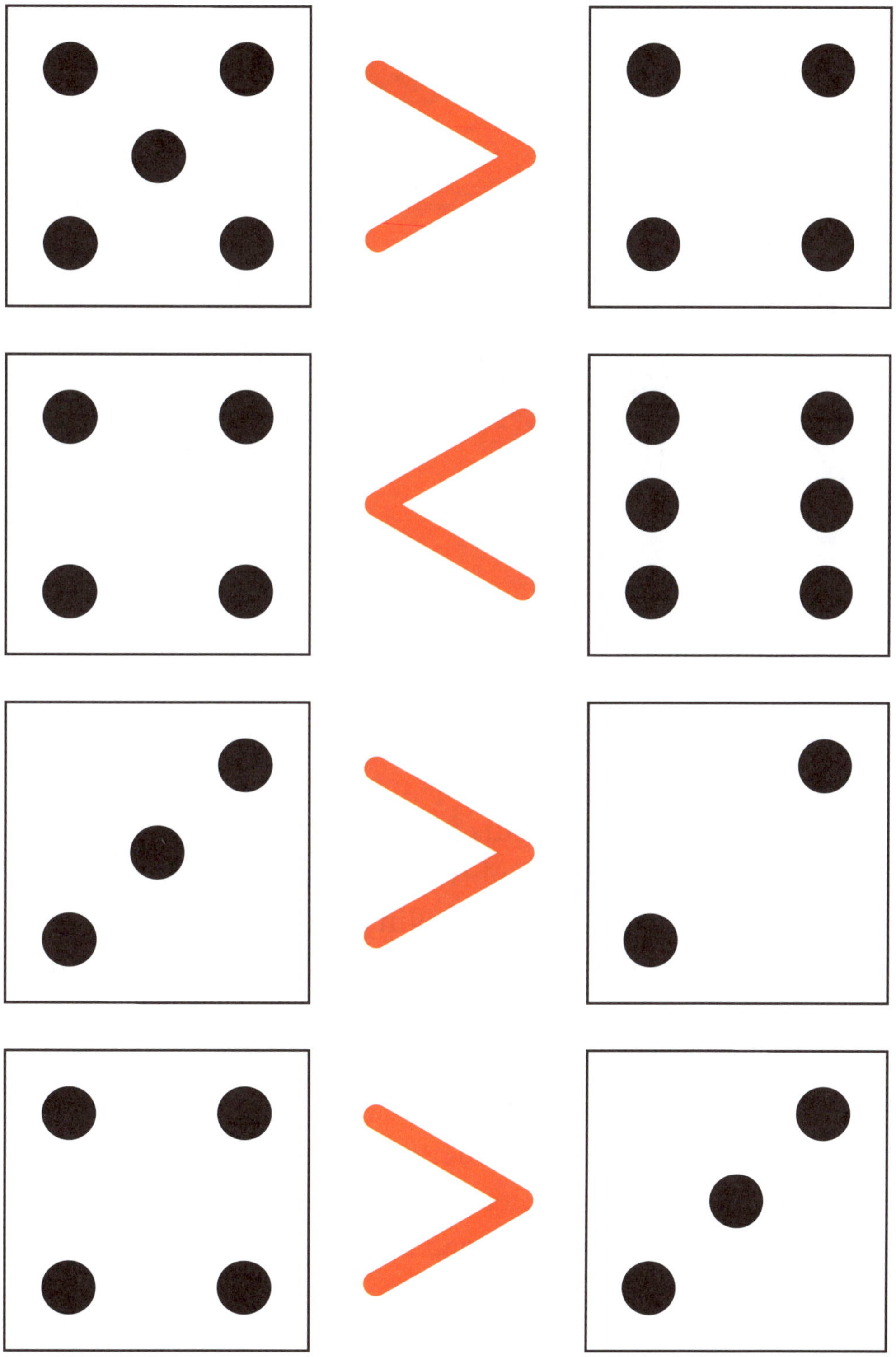

O tema é...

Uma grande invenção

Diana Taliun/Shutterstock/Glow Images

Yalcin Sonat/Shutterstock/Glow Images

Vimos que o homem aprendeu a contar utilizando seus próprios dedos ou partes do corpo, além de outros objetos como seixos, conchas ou ossinhos. Essa correlação entre coisas estabeleceu a correspondência de unidade com unidade e permitiu comparar coleções de seres ou objetos sem precisar recorrer aos números. Mas os números chegaram e com eles a necessidade de criar expressões gráficas que os representassem. Da adição e subtração chegou-se à multiplicação e à divisão, operações que hoje são absolutamente naturais em situações diversas, de uma simples organização de caixas em pilhas simétricas até os códigos de segurança criados por complexos programas de computador.

Quando contamos "de tantos em tantos", também estamos nos preparando para multiplicar números inteiros. E, depois, para dividir, porque uma operação está diretamente ligada à outra, assim como a soma e a subtração estão relacionadas entre si.

Matemática no dia a dia, de Celso Welmer. Rio de Janeiro: Senac Nacional.

Ilustra Cartoon/Arquivo da editora

Natus41/Shutterstock/Glow Images

As primeiras contagens aconteceram em diferentes lugares e épocas com maneiras diferentes.

Como os pastores descobriram os números?

Com seu colega do lado resolva o seguinte problema: se vocês fossem pastores pré-históricos e não soubessem contar com os números, como fariam para saber que não perderam nenhuma ovelha do rebanho de vocês?

Pesquisem sobre as enormes vantagens de nosso sistema atual, posicional decimal com notações indo-arábicos.

Sergio Dotta Jr./Arquivo da editora

Capítulo 2

Sistemas de numeração

OED

Sistema de numeração decimal

Costumamos contar em grupos de dez, provavelmente porque temos dez dedos nas mãos. É mais fácil contar objetos em grupos de dez do que um a um.

Stephen Aaron Rees/Shutterstock/Imageplus

1 grupo de 10 → **1 dezena**	**4**

Total: 14 morangos

HomeStudio/Shutterstock/Imageplus

2 grupos de 10 → **2 dezenas**	**6**

Total: 26 lápis

10 unidades formam 1 dezena.

Dezena

As crianças do 3º ano estão usando o material dourado para fazer uma contagem em grupos de 10.

Depois as crianças registram a contagem no quadro de ordens:

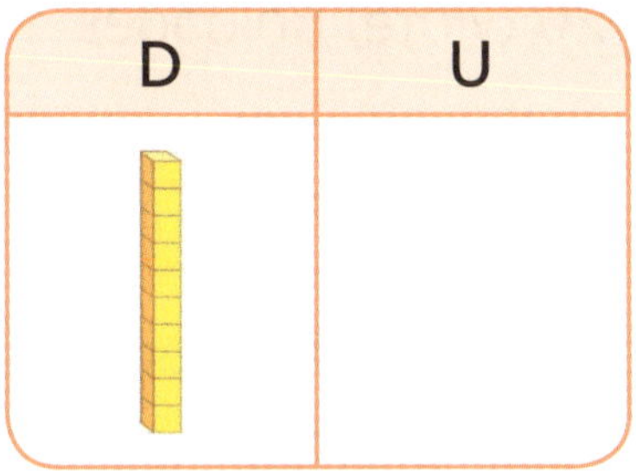

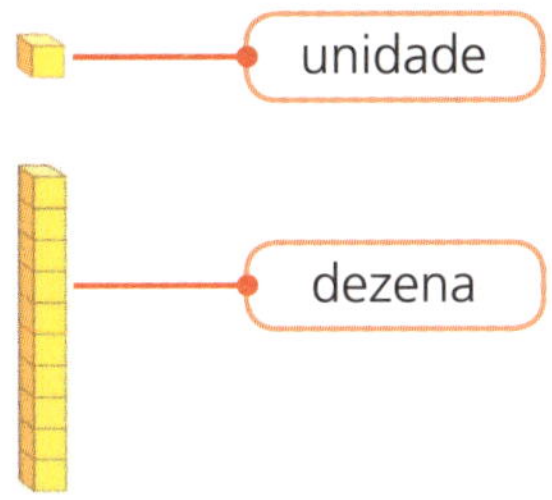

Noção de ordens

2ª ordem	1ª ordem
D	U
1	0

1 dezena e 0 unidade → 10

Lê-se: **dez**.

Cada algarismo ocupa uma ordem. Acima, a ordem vazia foi completada com **zero**.

Ilustrações: Ilustra Cartoon/Arquivo da editora

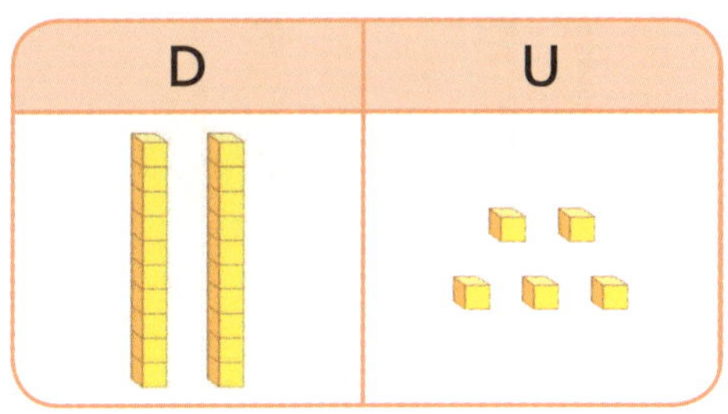

2ª ordem	1ª ordem
D	U
2	5

2 dezenas e 5 unidades → 25

Lê-se: **vinte e cinco**.

Dezenas exatas

	1 dezena → 10 (dez) unidades
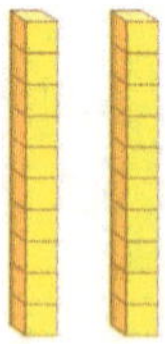	2 dezenas → 20 (vinte) unidades
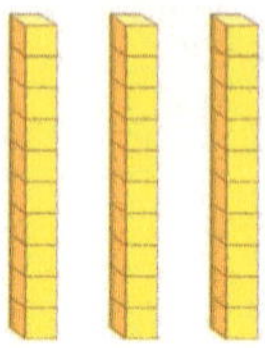	3 dezenas → 30 (trinta) unidades
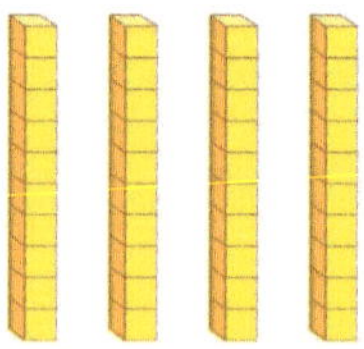	4 dezenas → 40 (quarenta) unidades
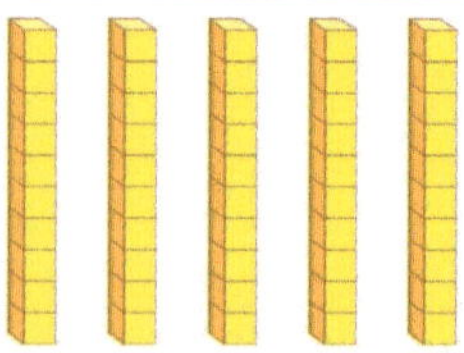	5 dezenas → 50 (cinquenta) unidades
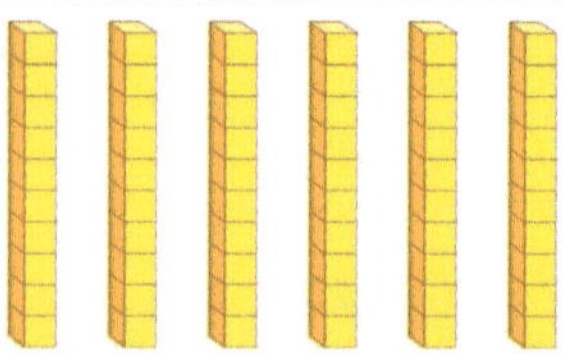	6 dezenas → 60 (sessenta) unidades
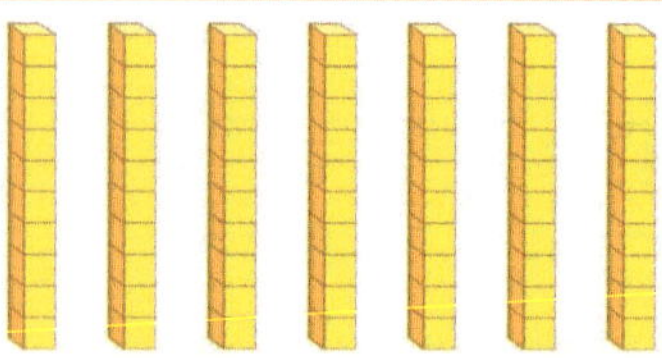	7 dezenas → 70 (setenta) unidades
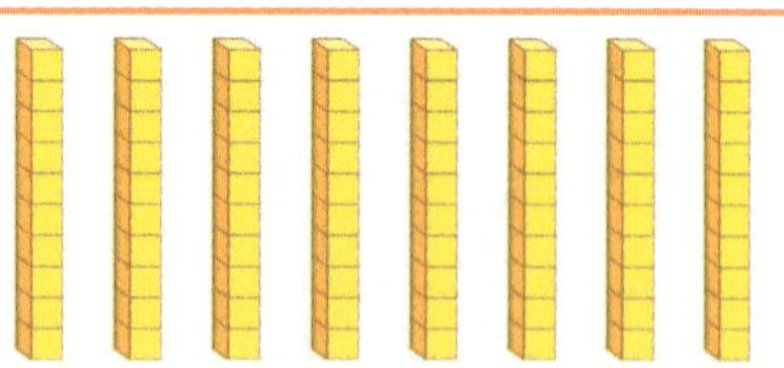	8 dezenas → 80 (oitenta) unidades
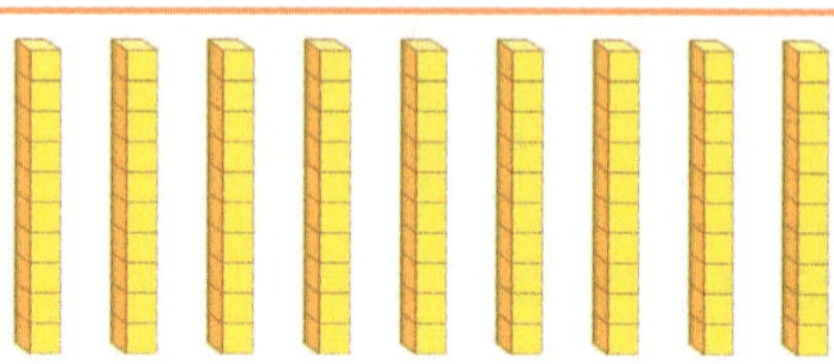	9 dezenas → 90 (noventa) unidades

Atividades

1 Agrupe os objetos de 10 em 10, registre no quadro de ordens e complete:

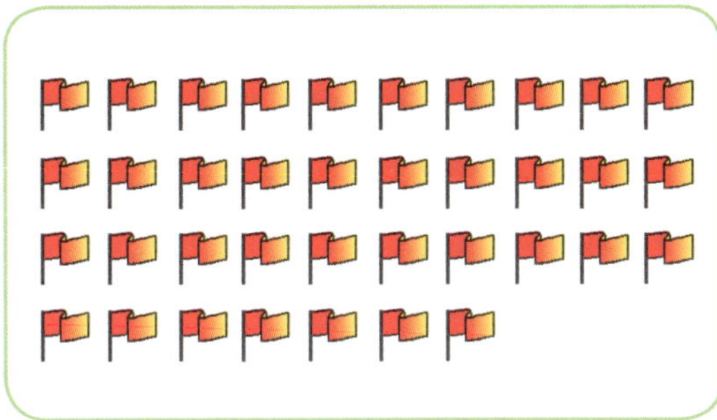

D	U

→ ....

.... dezenas e .... unidades

Lê-se: ....

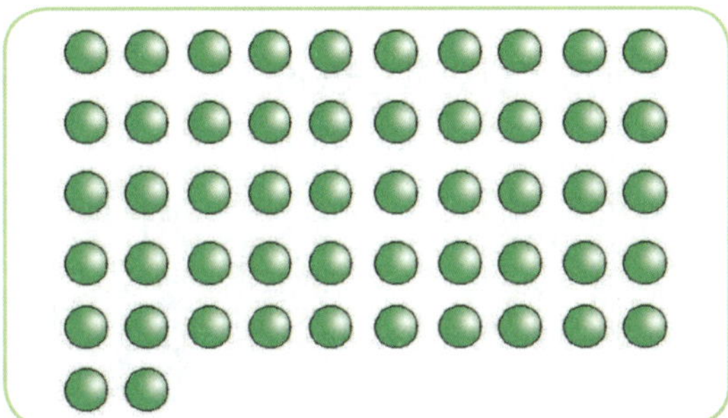

D	U

→ ....

.... dezenas e .... unidades

Lê-se: ....

2 Escreva o número correspondente:

D	U
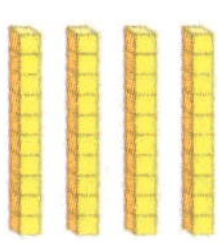	

☐

D	U
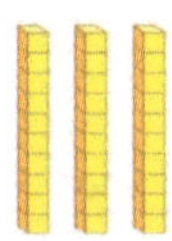	

☐

D	U
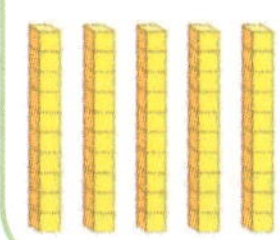	

☐

3 Observe o quadro de ordens e complete:

2ª ordem	1ª ordem
D	U
4	0

a) Cada algarismo ocupa uma ....

b) A 1ª ordem é a ordem das ....

c) A 2ª ordem é a ordem das ....

d) A ordem vazia se completa com o algarismo ....

4 Quantas balas há em cada pacote?

☐ balas

☐ balas

☐ balas

5 Complete a sequência contando de 10 em 10:

10 → .... → 30 → .... → .... → 60 → .... → .... → ....

6 O ábaco foi a primeira máquina de calcular criada pelo ser humano, há cerca de 3 mil anos.

a) Decomponha os números representados nos ábacos:

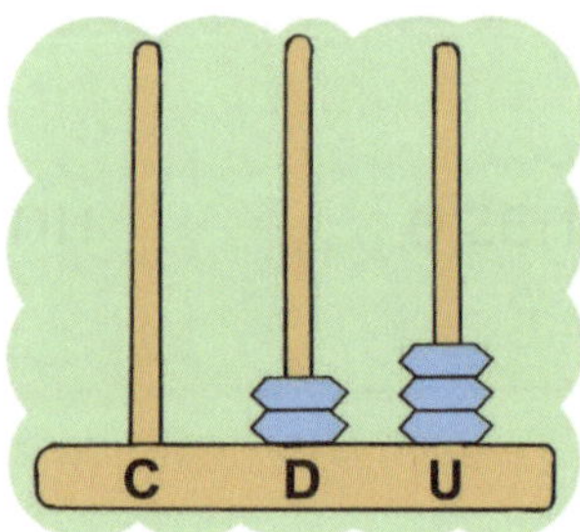

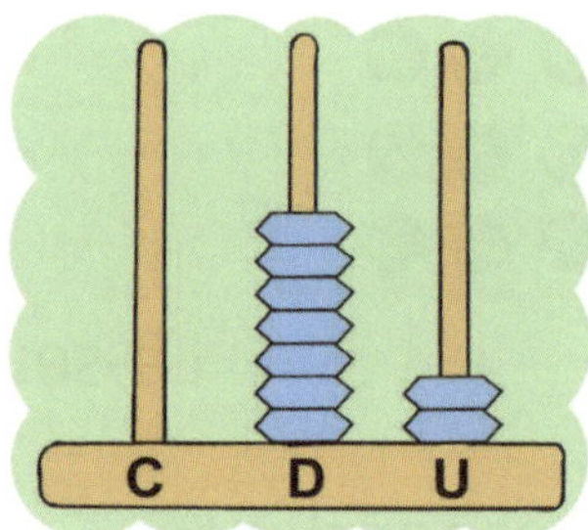

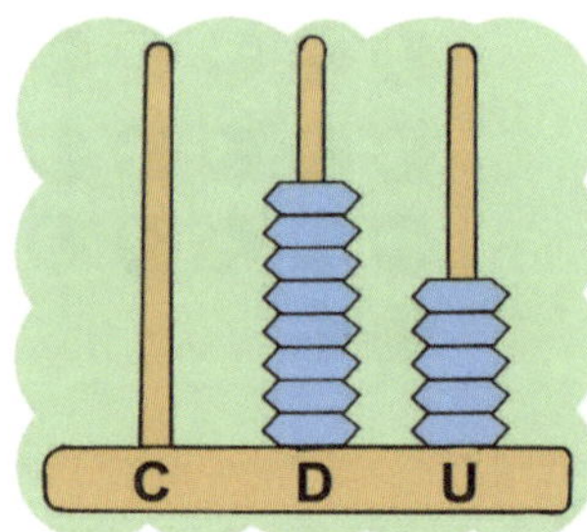

b) Que números estão representados nos ábacos? Escreva-os também por extenso:

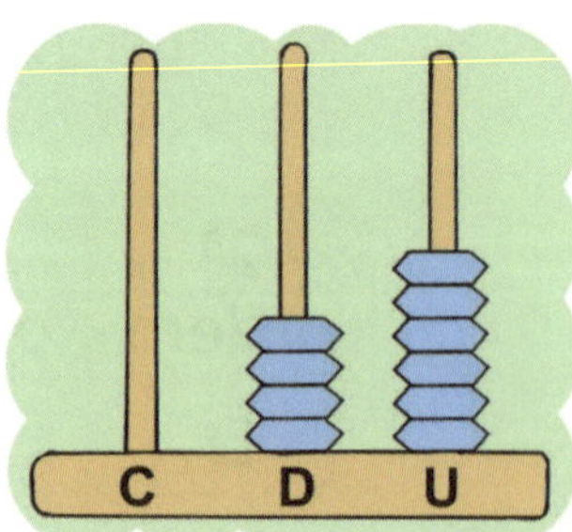

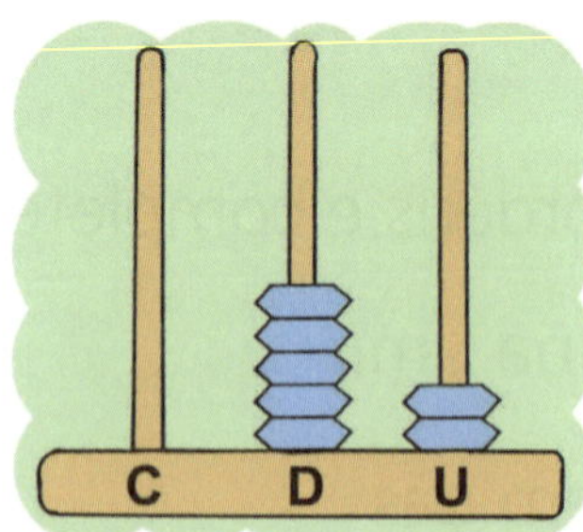

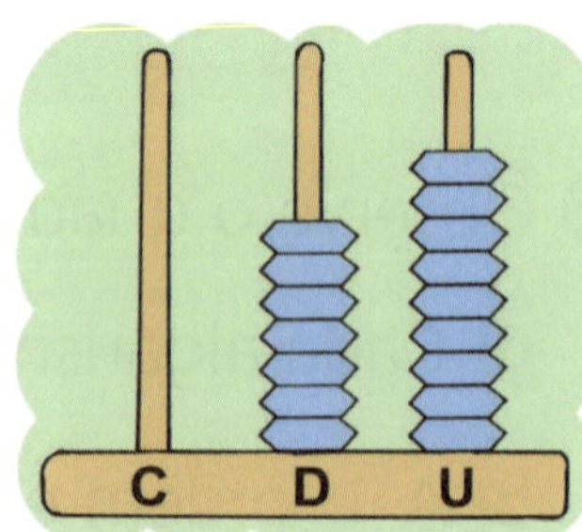

Ilustrações: MW Editora Ilustrações Ltda./Arquivo da editora

7 A mãe de Letícia faz bombons caseiros. Em cada caixa ela arruma 1 dezena de bombons. No último fim de semana, ela fez a quantidade de bombons representada ao lado.

Ilustrações: Ilustra Cartoon/Arquivo da editora

a) Quantas caixas completas de bombons a mãe de Letícia conseguiu formar? ....

b) Quantos bombons não foram arrumados em caixas? ....

c) Para completar mais uma caixa, quantos bombons seriam necessários? ....

d) Quantos bombons foram feitos? ....

Matemática e diversão

Brincando de adivinhar o número

Qual é o número em que Danilo pensou?

Resposta: ....

Centena

Observe a representação do número 99:

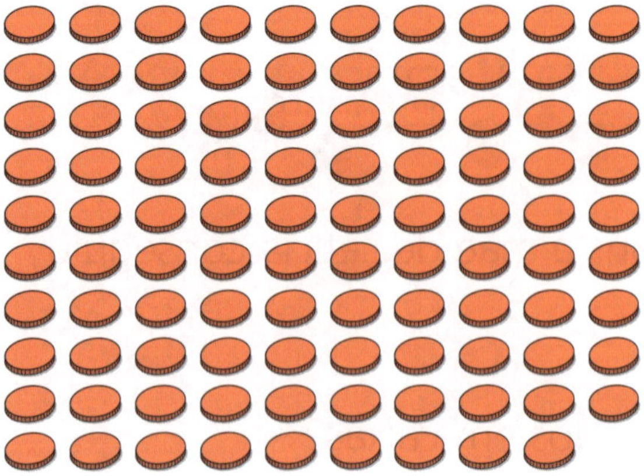

Dezenas	Unidades
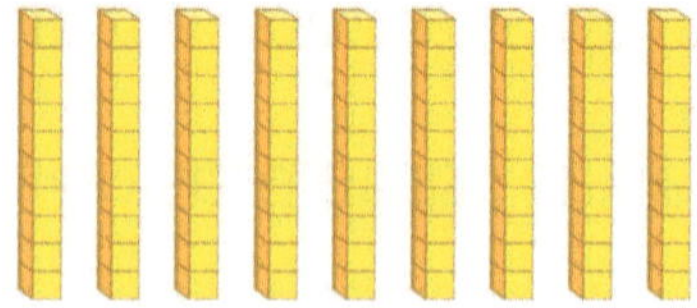	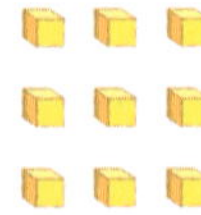
9	9

2ª ordem	1ª ordem
D	U
9	9
noventa e nove	

Agora vamos acrescentar 1 unidade a 99.

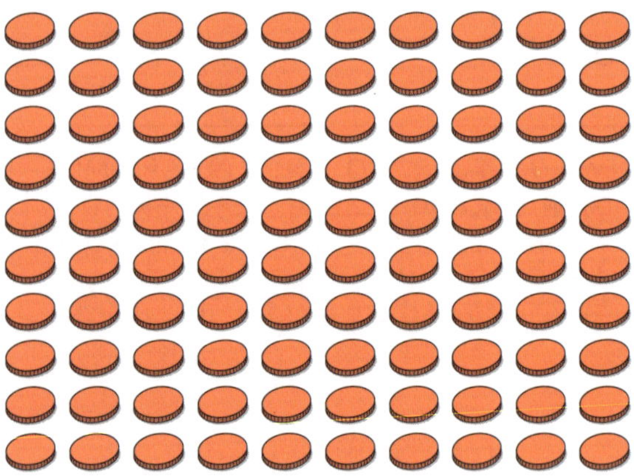

Centenas	Dezenas	Unidades
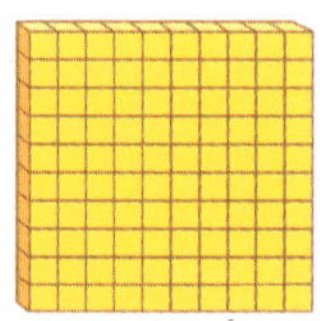		
1	0	0

3ª ordem	2ª ordem	1ª ordem
C	D	U
1	0	0

Cem = 1 centena = 10 dezenas = 100 unidades

Noção de classes

Veja o que os alunos estão aprendendo:

Ilustra Cartoon/Arquivo da editora

Veja como o número 100 é representado no quadro de ordens:

Classe das unidades simples		
3ª ordem	2ª ordem	1ª ordem
C	D	U
1	0	0

A centena pertence à 3ª ordem.

Três ordens formam uma classe completa.

Centenas exatas

Contando de 100 em 100, complete os quadros, conforme o exemplo.

3ª ordem	2ª ordem	1ª ordem
C	D	U
1	0	0

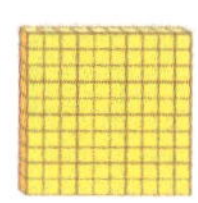

1 centena

100

cem

3ª ordem	2ª ordem	1ª ordem
C	D	U
2	0	0

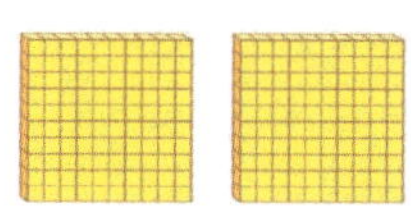

.... centenas

....

duzentos

3ª ordem	2ª ordem	1ª ordem
C	D	U
3	0	0

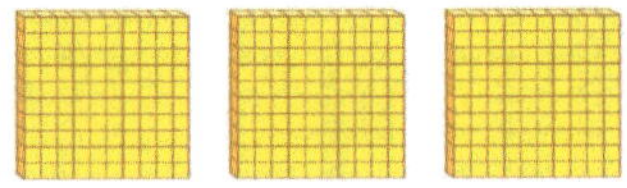

.... centenas

....

trezentos

3ª ordem	2ª ordem	1ª ordem
C	D	U
4	0	0

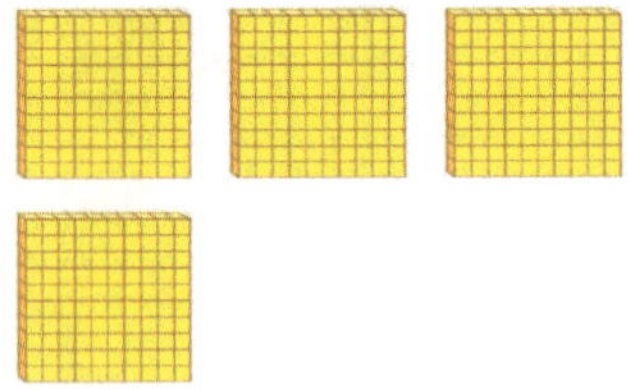

.... centenas

....

quatrocentos

3ª ordem	2ª ordem	1ª ordem
C	D	U
5	0	0

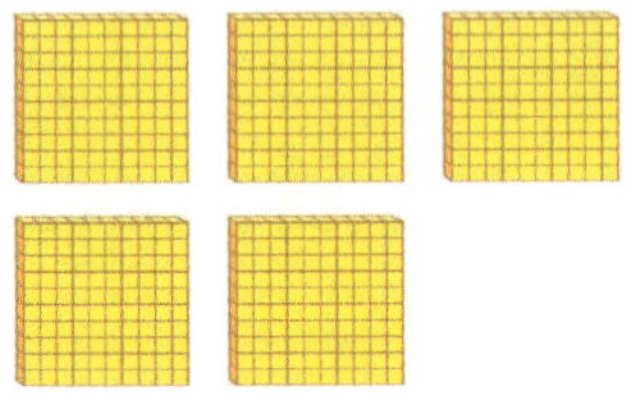

.... centenas

....

quinhentos

3ª ordem	2ª ordem	1ª ordem
C	D	U
6	0	0

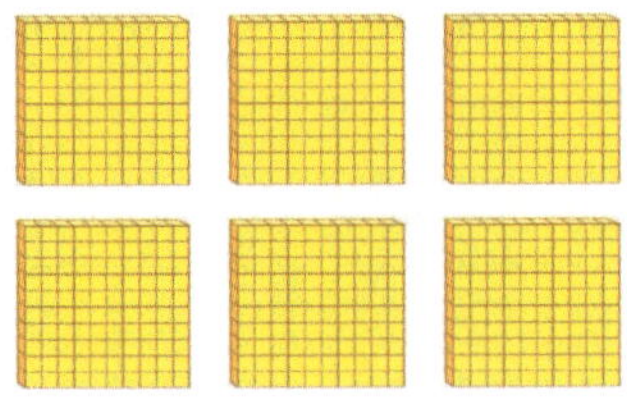

.... centenas

....

seiscentos

3ª ordem	2ª ordem	1ª ordem
C	D	U
7	0	0

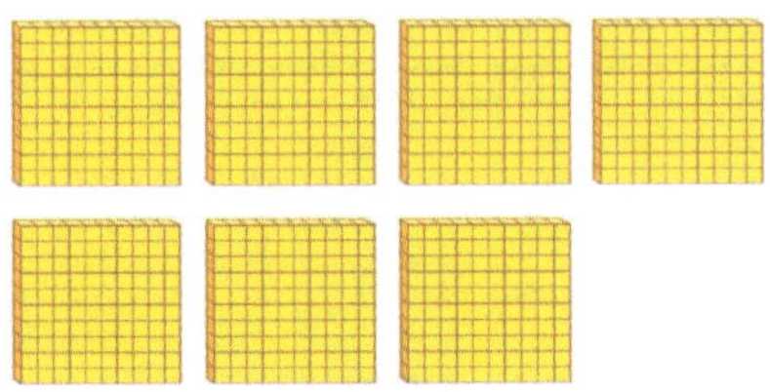

.... centenas

....

setecentos

3ª ordem	2ª ordem	1ª ordem
C	D	U
8	0	0

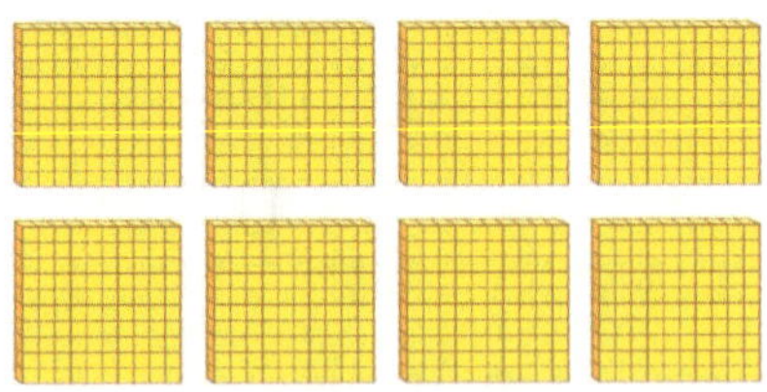

.... centenas

....

oitocentos

3ª ordem	2ª ordem	1ª ordem
C	D	U
9	0	0

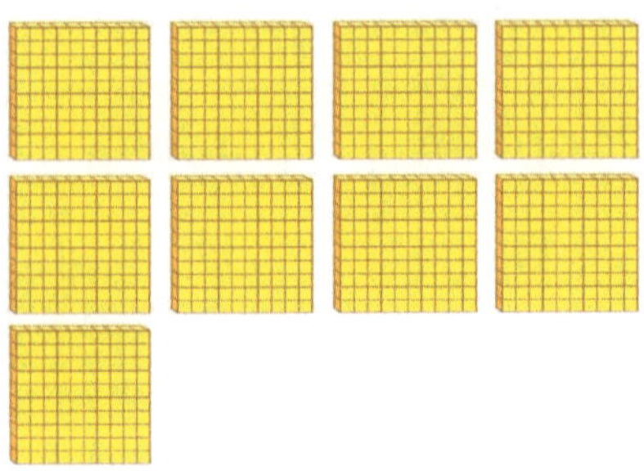

.... centenas

....

novecentos

Atividades

1 Os alunos de uma classe foram divididos em grupos. Cada um deles recebeu uma quantia de material dourado. Veja os quadros de ordens abaixo e escreva quantas unidades eles representam.

Grupo A

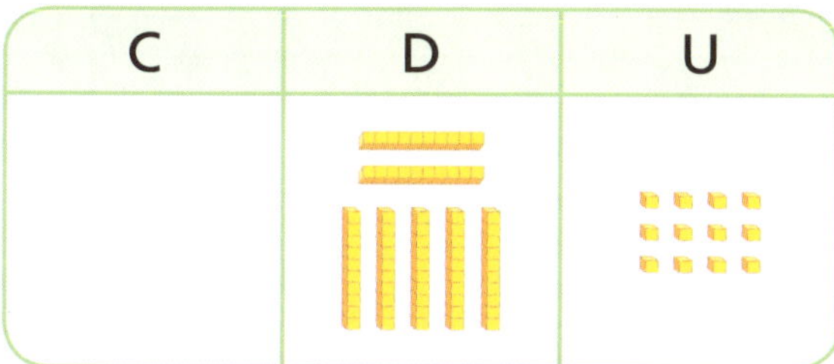

Total de pontos: ....

Grupo C

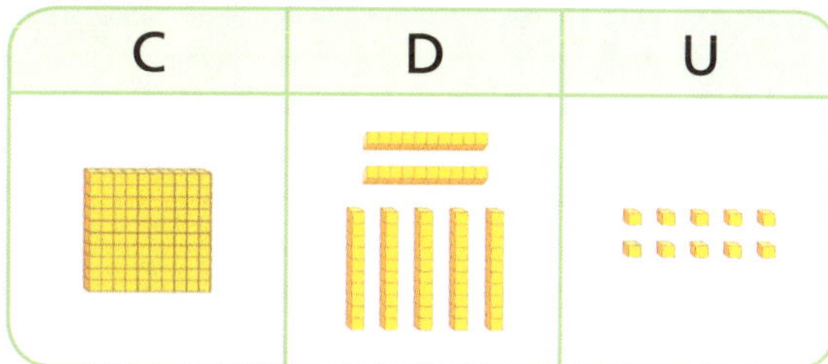

Total de pontos: ....

Grupo B

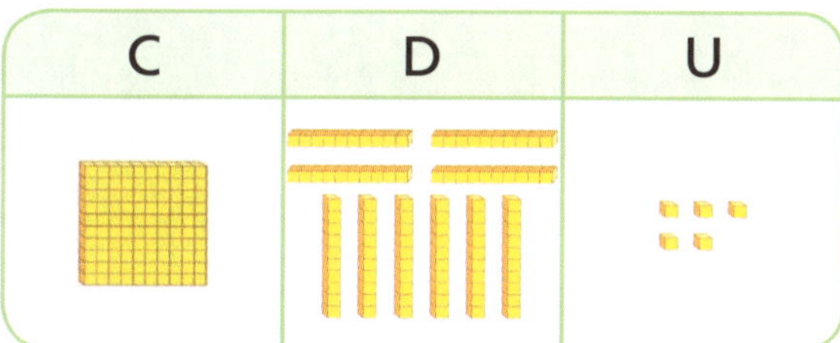

Total de pontos: ....

Grupo D

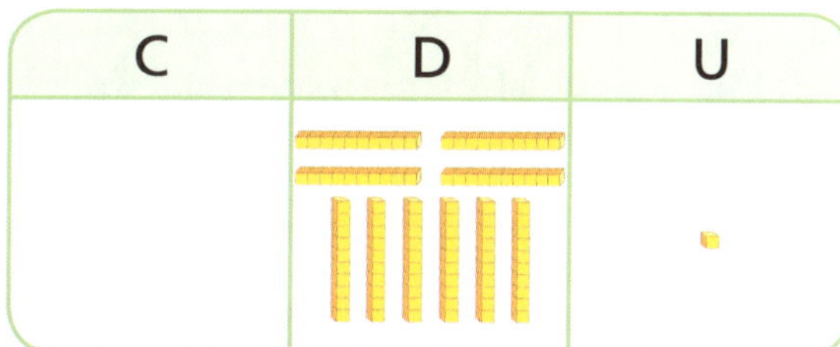

Total de pontos: ....

- Se cada unidade representa 1 ponto, qual grupo marcou mais pontos? ....

2 Em cada cartela há 10 chaveiros. Quantos chaveiros há nas caixas?

.... chaveiros

.... chaveiros

Ilustra Cartoon/Arquivo da editora

3 Desenhe as peças do material dourado para decompor os números em suas diferentes ordens. Veja o exemplo.

197 → 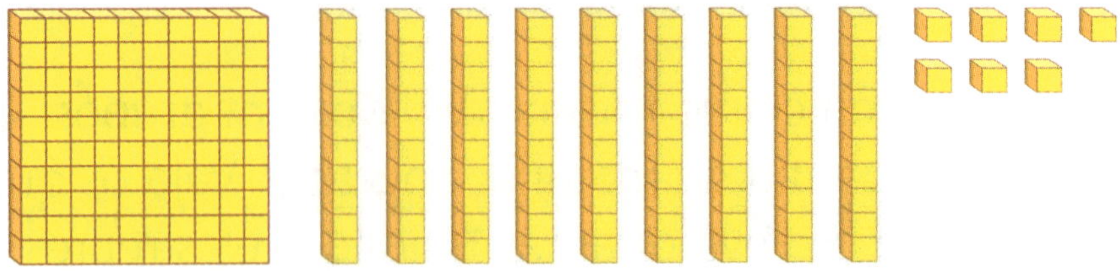

1 centena + 9 dezenas + 7 unidades

134 →

.... centena + ... dezenas + ... unidades

340 →

.... centenas + ... dezenas + ... unidades

500 →

.... centenas + ... dezenas + ... unidades

92 →

.... centena + ... dezenas + ... unidades

4 Escreva os números representados.

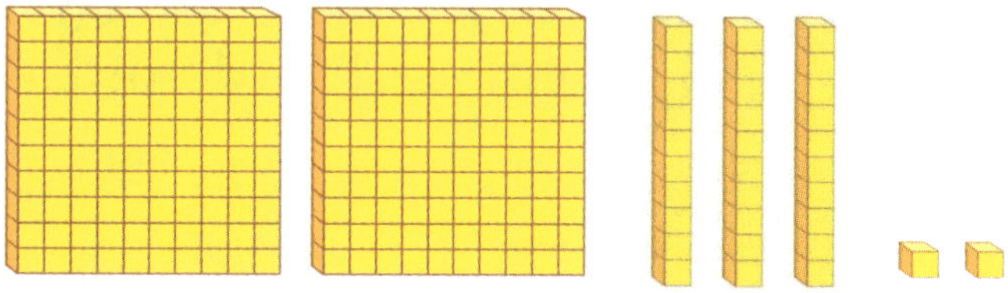

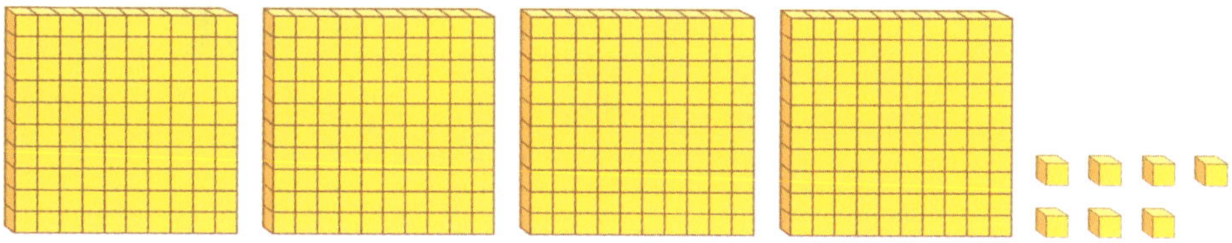

5 Decomponha e faça a leitura escrevendo por extenso.

Ilustra Cartoon/Arquivo da editora

342 → 300 + 40 + 2

Lê-se: trezentos e quarenta e dois.

578 → .... + ... + ...

Lê-se: .... e .... e ....

401 → .... + ...

Lê-se: .... e ....

999 → .... + ... + ...

Lê-se: .... e .... e ....

6 Coloque o número no quadro de ordens e complete:

195 →

3ª ordem	2ª ordem	1ª ordem
C	D	U

a) O número tem .... ordens.

b) O algarismo .... ocupa a 1ª ordem.

c) O algarismo .... ocupa a 2ª ordem.

d) O algarismo .... ocupa a 3ª ordem.

e) Decompondo o número em suas diferentes ordens, temos:

....

....

7 Complete o diagrama, escrevendo com algarismos:

a) cento e vinte e nove

b) trezentos e noventa

c) duzentos e cinquenta e sete

d) quinhentos e setenta e sete

e) novecentos e noventa e um

f) oitocentos e sessenta

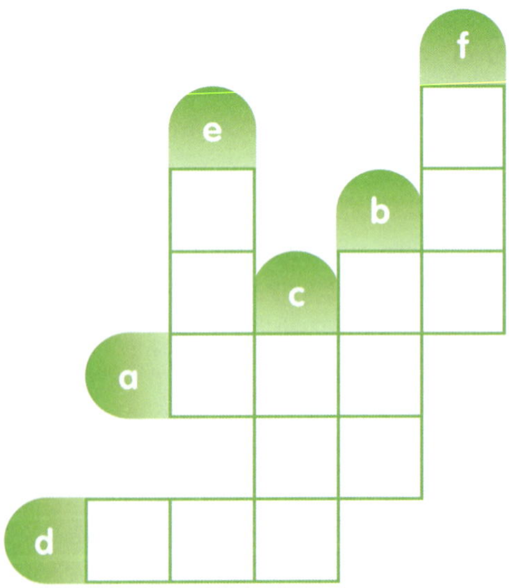

Milhar

Vamos supor que você colecione bolinhas de gude e que sua coleção já tenha 998 bolinhas.

Se você ganhar mais 2 bolinhas, completará o incrível número de 1 000 bolinhas. Para representar o número 1 000, usamos 4 algarismos.

Esse número tem 4 ordens, que formam 2 classes.

- a **classe das unidades simples** e a **classe dos milhares**, que está incompleta.

2ª classe			1ª classe		
Classe dos milhares			Classe das unidades simples		
6ª ordem	5ª ordem	4ª ordem	3ª ordem	2ª ordem	1ª ordem
		unidade de milhar	centena	dezena	unidade
		1	0	0	0

Agora, observe a representação do milhar:

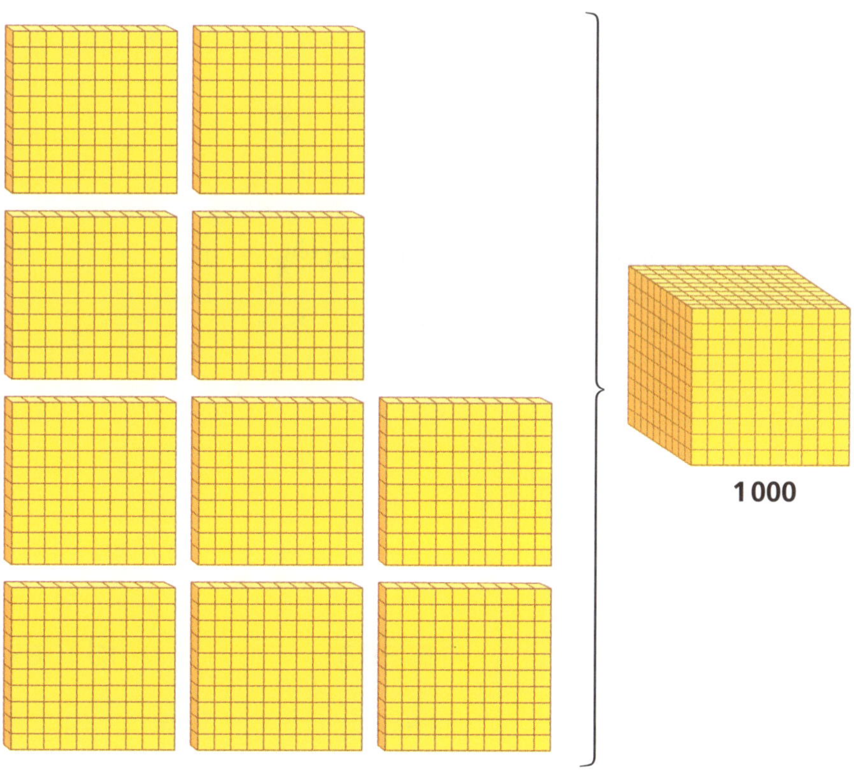

1000

I love photo/Shutterstock/Glow Images

10 centenas = **1 milhar**

Atividades

1 Observe as quantidades representadas abaixo e complete:

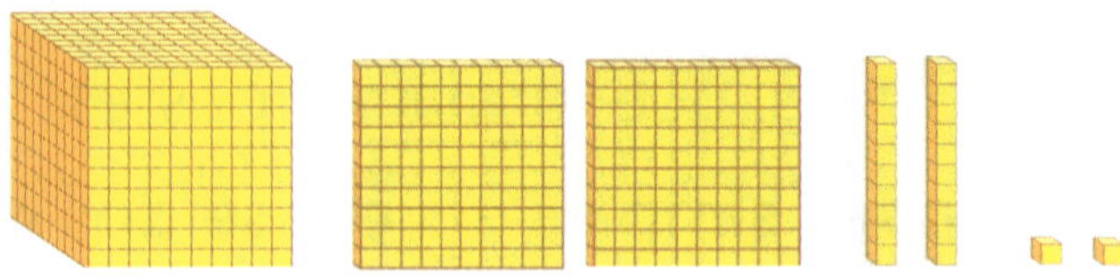

.... milhar + ... centenas + ... dezenas + ... unidades

.... + ... + ... + ... = ...

Lê-se: ....

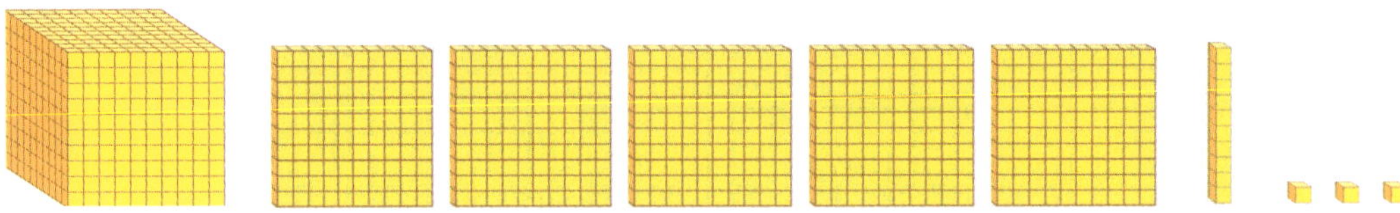

.... milhar + ... centenas + ... dezena + ... unidades

.... + ... + ... + ... = ...

Lê-se: ....

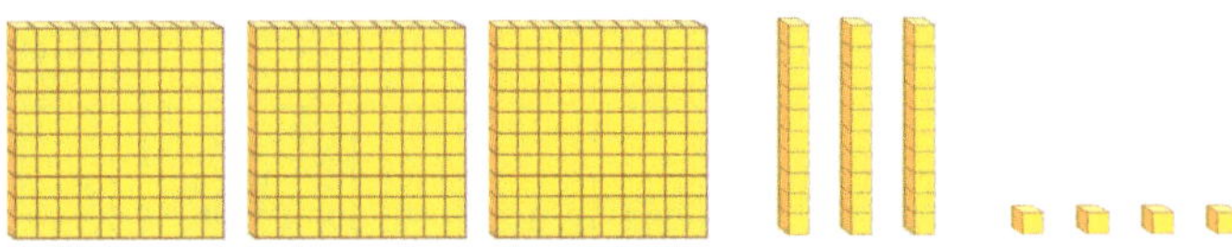

.... centenas + ... dezenas + ... unidades

.... + ... + ... = ...

Lê-se: ....

.... milhar + ... centenas + ... dezenas + ... unidades

.... + ... + ... + ... = ...

Lê-se: ....

2 Usando o quadro de ordens, componha os números:

a) 1 unidade de milhar + 3 centenas + 4 dezenas + 3 unidades

M	C	D	U

→ ....

b) 7 centenas + 5 dezenas + 2 unidades

M	C	D	U

→ ....

c) 1 unidade de milhar + 6 dezenas + 4 unidades

M	C	D	U

→ ....

3 Coloque o número no quadro de ordens e complete:

1 528 →

4ª ordem	3ª ordem	2ª ordem	1ª ordem
M	C	D	U

a) O número tem .... ordens. O algarismo .... ocupa a 1ª ordem, o algarismo .... ocupa a 2ª ordem, o algarismo .... ocupa a 3ª ordem e o algarismo .... ocupa a 4ª ordem.

b) Decompondo o número em suas diferentes ordens, temos:

....

c) Escreva-o por extenso: ....

d) O número é composto de .... classes.

e) O antecessor desse número é .... e o sucessor é ....

4 Escreva os números representados nos ábacos e use os símbolos < ou > para fazer a comparação.

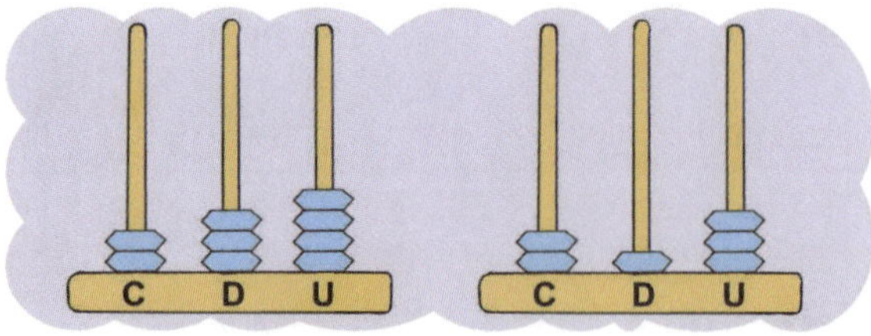

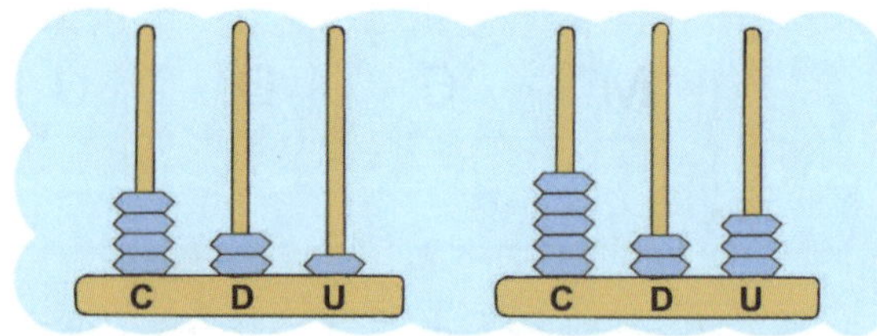

MW Editora Ilustrações Ltda./Arquivo da editora

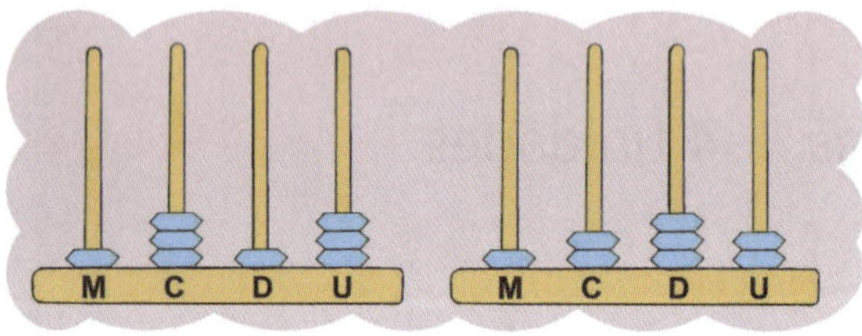

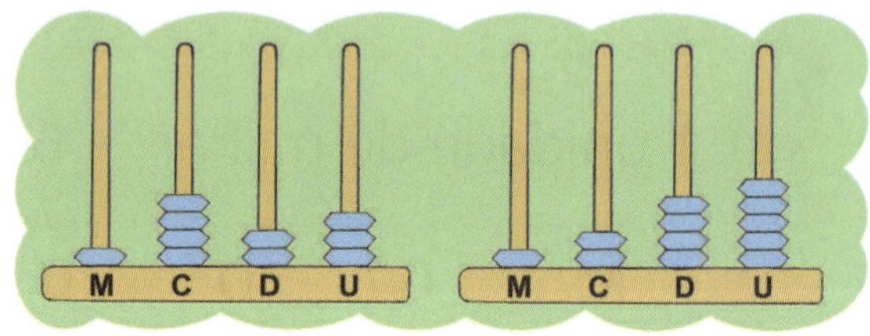

5 Observe na tabela o ano de invenção de alguns instrumentos:

Piano	Guitarra	Bateria	Saxofone
1709	1850	1910	1846

O livro das invenções, de Marcelo Duarte. São Paulo: Cia. das Letras, 1997. p.138-140.

Agora, responda:

a) Em que ano foi criada a guitarra? (Escreva por extenso.)

....

b) Qual instrumento foi criado no ano formado por 1 unidade de milhar, 8 centenas, 4 dezenas e 6 unidades? ....

c) Qual instrumento foi criado no ano mil novecentos e dez?

....

d) Dos instrumentos da tabela, qual deles é o mais antigo? E o mais novo?

....

Ler, refletir e resolver

1 Veja os pontos de Aline e Caio em um *videogame*:

Ilustra Cartoon/Arquivo da editora

a) Quem está ganhando o jogo? ....

b) Qual a diferença de pontos entre as duas crianças? ....

2 Veja no gráfico a quantidade de homens e de mulheres que moram em uma cidadezinha do interior:

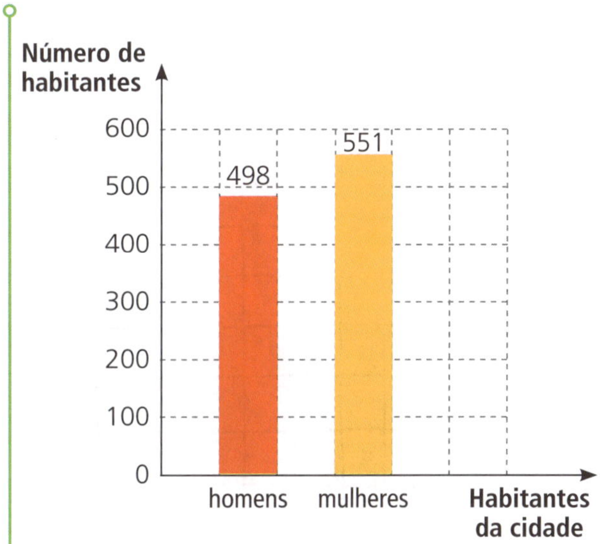

a) Nessa cidade há mais homens ou mulheres?

....

b) Quantos homens moram nessa cidade?

....

c) Quantas mulheres moram nessa cidade?

....

d) Qual a diferença entre o número de mulheres e o de homens?

....

Matemática e diversão

O jogo da tartaruga

Leve a tartaruga até a praia.

Código	
●	3 casas para a direita
■	2 casas para a esquerda
◆	1 casa para cima
▲	2 casas para baixo

● ▲ ▲ ● ◆ ◆ ● ▲ ● ▲ ■ ▲ ■ ▲ ● ▲ ● ◆ ●

MW Editora Ilustrações Ltda./Arquivo da editora

Valor absoluto e valor relativo

O valor de cada um

Teco e Neco tinham um problema para resolver: acabar com a briga dos algarismos.

Matemática em mil e uma histórias: o valor de cada um, de Martins Rodrigues Teixeira. São Paulo: FTD, 1998.

Observe o número 333 no quadro de ordens:

C	D	U
3	3	3

Cada algarismo ocupa uma ordem.

- Quando o 3 ocupa a ordem das centenas, ele vale 3 centenas → 300.
- Quando o 3 ocupa a ordem das dezenas, ele vale 3 dezenas → 30.
- Quando o 3 ocupa a ordem das unidades, ele vale 3 unidades → 3.

Assim, cada algarismo assume um valor de acordo com a posição que ocupa no número. É o que chamamos **valor relativo**.

Cada algarismo também tem seu valor próprio, independentemente da ordem que esteja ocupando. É o que chamamos **valor absoluto**.

O valor absoluto do 3 é **3** em qualquer posição que ele ocupe no número.

Atividades

1 Observe os números nos cartazes:

Ilustrações: Ilustra Cartoon/Arquivo da editora

a) Qual é o valor do algarismo 5 nesses números?

5689 ______ 7518 ______

b) Qual é o valor do algarismo 8?

5689 ______ 7518 ______

2 Qual o **valor absoluto** dos algarismos destacados?

1**3**6 ___ **6**42 ___ 5**8**5 ___ **2**95 ___ 7**5**3 ___ **7**31 ___

3 E qual é o **valor relativo** dos algarismos destacados?

4**6**3 ______ **8**75 ______ 3**2**9 ______

548 ______ 12**4** ______ **2**76 ______

4 No número 140, o valor relativo do algarismo 4 é 40. Pinte de amarelo as cartolas em que o algarismo 4 tenha esse mesmo valor relativo.

Números pares e números ímpares

A professora reuniu as crianças em equipes e pediu a elas que contassem alguns objetos e os separassem em grupos de 2.

A equipe **A** contou 10 carrinhos e, ao separar em grupos de 2, não restou nenhum carrinho sem par.

Ilustrações: Ilustra Cartoon/ Arquivo da editora

O número 10 é par.

A equipe **B** contou 8 bolas e separou-as em grupos de 2. Nenhuma bola ficou sem par.

O número 8 é par.

A equipe **C** contou 7 barquinhos e separou-os em grupos de 2. Sobrou 1 barquinho sem par.

O número 7 é ímpar.

As crianças concluíram que:

> Contando em pares, isto é, de 2 em 2, se não sobrar nenhum elemento, o número é **par**; se sobrar um elemento, o número é **ímpar**.

As crianças também se lembraram de que podem reconhecer se um número é par ou ímpar da seguinte forma:

> Se o número terminar em 0, 2, 4, 6 ou 8 é par.
> Se o número terminar em 1, 3, 5, 7 ou 9 é ímpar.

Atividades

1 Agrupe de 2 em 2. Depois, conte todos os elementos e escreva se o número é par ou ímpar.

Fotos: PhotoDisc

☐ é .... ☐ é ....

2 Escreva o que se pede:

a) O menor número par de 2 algarismos. ....

b) O maior número par de 2 algarismos. ....

c) O menor número ímpar de 2 algarismos. ....

d) O maior número ímpar de 2 algarismos. ....

3 Some os números das faces dos dados. Depois, escreva o total de cada soma e verifique se esse total é par ou ímpar.

a)  ....

b)  ....

c) 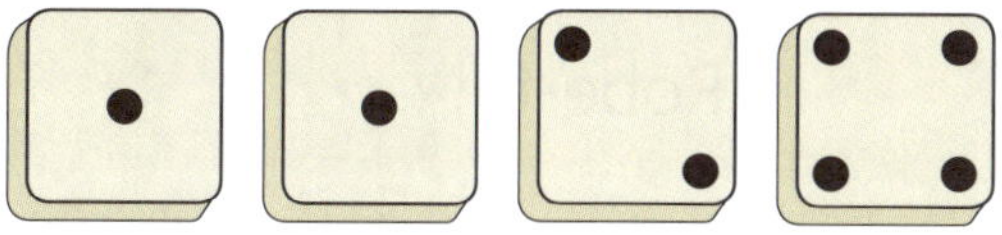 ....

Desafio!

Se lançarmos três dados ao mesmo tempo, qual é o maior total de pontos que podemos obter se todos os números forem pares?

Numeração ordinal

Observe a seguir as primeiras colocadas de uma competição de natação:

Ilustra Cartoon/Arquivo da editora

Ordem de chegada	Nome
1º (primeiro)	Cláudia
2º (segundo)	Abigail
3º (terceiro)	Joana
4º (quarto)	Tatiana
5º (quinto)	Roberta

Os números 1º, 2º, 3º... indicam as posições das participantes da competição de natação. Eles são conhecidos como números ordinais.

Usamos os números ordinais para indicar ordem, posição ou lugar.

- Complete o quadro dos números ordinais até o 50º.

1º	primeiro	26º	
2º	segundo	27º	
3º	terceiro	28º	
4º	quarto	29º	
5º	quinto	30º	trigésimo
6º	sexto	31º	
7º	sétimo	32º	
8º	oitavo	33º	
9º	nono	34º	trigésimo quarto
10º	décimo	35º	
11º	décimo primeiro	36º	
12º	décimo segundo	37º	
13º		38º	
14º		39º	
15º		40º	quadragésimo
16º		41º	quadragésimo primeiro
17º		42º	
18º		43º	
19º		44º	
20º	vigésimo	45º	
21º	vigésimo primeiro	46º	
22º		47º	
23º		48º	
24º		49º	
25º		50º	quinquagésimo

Atividades

1 Complete as frases usando os números ordinais por extenso.

a) Moro no penúltimo andar de um edifício de 24 andares.

Moro no .... andar.

b) Há 18 pessoas na minha frente.

Eu ocupo o .... lugar.

c) A letra C é a .... letra do nosso alfabeto.

d) Outubro é o .... mês do ano.

2 Anne-Lise resolveu fazer desenhos. Observe as fotos e numere-as na ordem em que os fatos aconteceram.

Fotos: Arquivo do autor

3 A Copa do Mundo de Futebol é uma das competições esportivas mais importantes. Ela ocorre a cada quatro anos e mobiliza pessoas de todos os países. Observe, na tabela ao lado, o resultado da Copa do Mundo de 2014.

Colocação	País
1º	Alemanha
2º	Argentina
3º	Holanda
4º	Brasil
5º	Colômbia
6º	Bélgica

- Complete as frases de acordo com a tabela:

a) O país campeão da Copa de 2014 foi ....

b) O 2º colocado foi .... e o 3º colocado foi ....

c) .... ficou em 4º lugar e .... ficou em 6º lugar.

4 A Copa do Mundo de 2014 foi realizada no Brasil.

Reprodução/Arquivo da editora

FIFA WORLD CUP
Brasil

- Sabendo que essa competição ocorre de quatro em quatro anos, em que anos serão as próximas Copas do Mundo de Futebol?

.............................., ... e ....

Matemática e diversão

O primeirão

Com seus colegas, observe o que acontece em cada quadro.

Almanaque historinhas de duas páginas, de Mauricio de Sousa. Barueri: Panini Comics, n. 5, 2010. p. 68 e 69. (Turma da Mônica).

- Agora, imagine que você é o locutor e precisa contar para as pessoas o que aconteceu e como a corrida terminou. Lembre-se de usar os **números ordinais** para indicar as posições dos competidores.

Ideias em ação

Construção de um ábaco

Nesta Unidade você estudou o sistema de numeração decimal. Vamos agora construir um ábaco usando alguns materiais de sucata.

Material necessário

- 1 caixa de ovos
- 3 palitos de madeira
- lápis
- cartolina colorida
- 1 moeda
- tesoura sem pontas

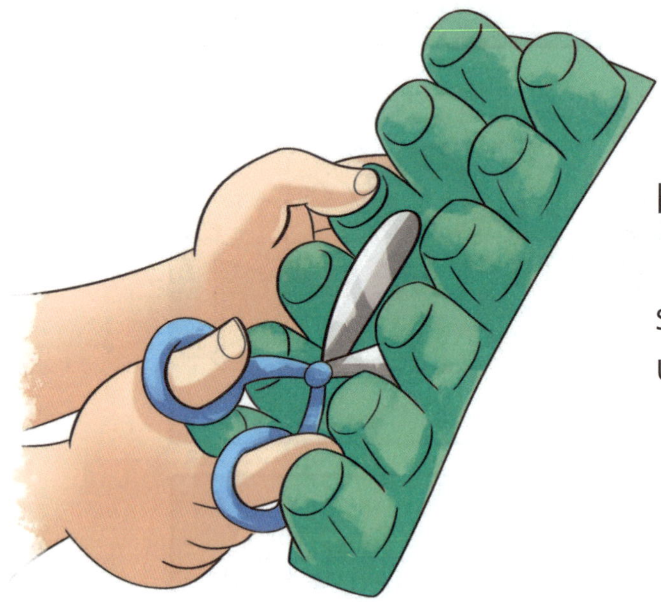

Primeiro, você vai construir a base do ábaco.

Recorte a caixa de ovos para servir de base para os pinos da unidade, da dezena e da centena.

Em cada parte da base, faça um furo e coloque um dos palitos.

Ilustrações: Ilustra Cartoon/Arquivo da editora

Escreva as letras **U**, **D** e **C** para indicar unidade, dezena e centena em cada pino do ábaco.

Agora você vai confeccionar as peças para fazer as contas no ábaco.

Com a moeda, faça vários círculos na cartolina e recorte-os.

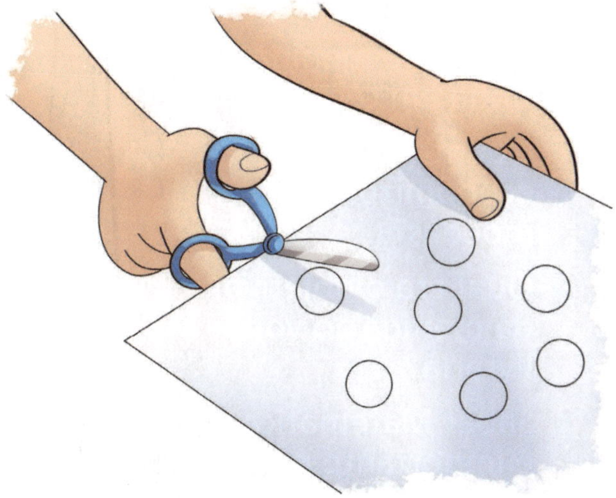

Em seguida, com o lápis, fure os círculos bem no centro.

Ilustrações: Ilustra Cartoon/Arquivo da editora

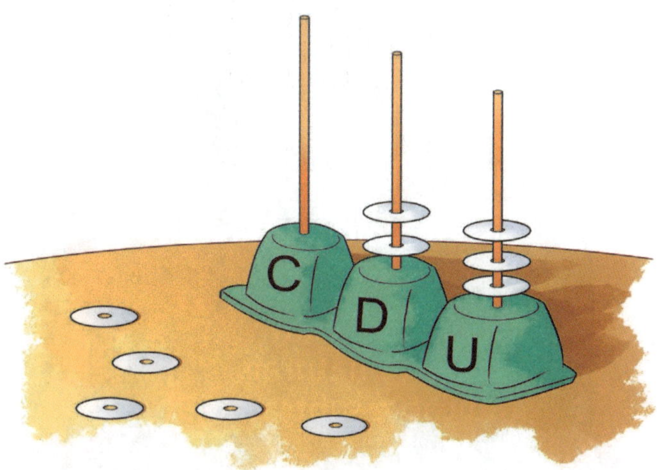

Seu ábaco está pronto!

UNIDADE 2

Geometria, sistema monetário e operações com números naturais

Vamos conversar?

- Quanto a menina tinha em cédulas?
- Quanto ela economizou em moedas?
- Qual era o objetivo da menina ao voltar à livraria?
- Saber Matemática é importante para usar o dinheiro com responsabilidade? Por quê?

O que vou estudar?

- Noções de Geometria
- Sistema monetário brasileiro
- Operações com números naturais (adição e subtração)

Ilustra Cartoon/Arquivo da editora

Capítulo 3

Noções de Geometria

Ilustrações: Ilustra Cartoon/Arquivo da editora

Sólidos geométricos

A professora de Daniel propôs aos alunos que confeccionassem em miniatura construções parecidas com as dos arredores da escola. Durante alguns dias, as crianças juntaram caixas de diferentes formas, rolos de papel, latas e outros objetos.

Veja como ficou a construção da turma:

Ilustra Cartoon/Arquivo da editora

Para fazer as construções em miniatura, os alunos usaram peças que lembram estes sólidos geométricos:

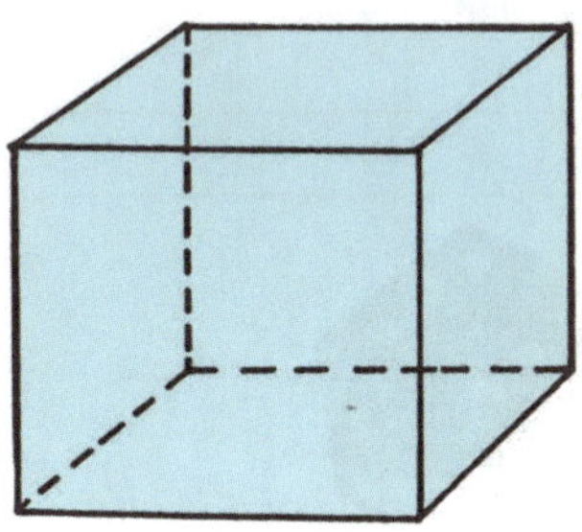
cubo

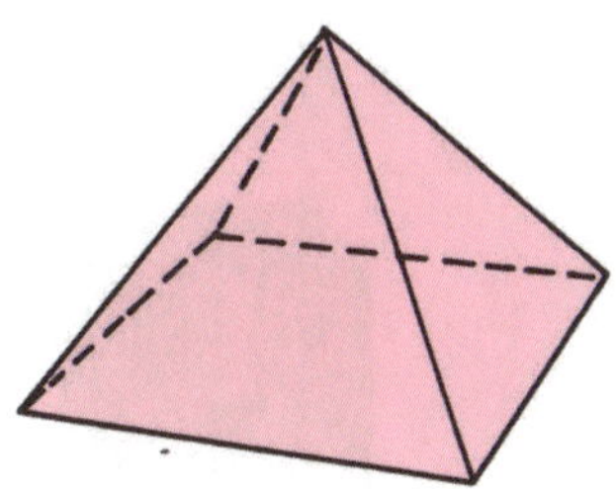
pirâmide

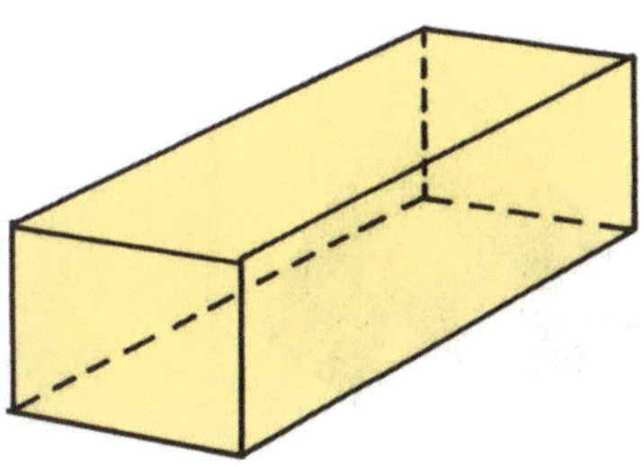
paralelepípedo

cilindro

Veja a forma que alguns objetos lembram:

paralelepípedo

Stocksnapp/Shutterstock/Imageplus

esfera

ingimage/Other Images

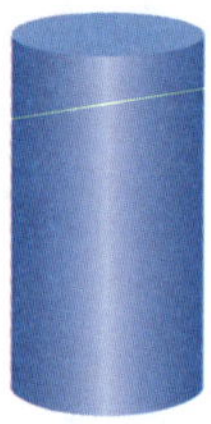

cilindro

Timo Kohlbacher/Shutterstock/Imageplus

cone

Mike Flippo/Shutterstock/Imageplus

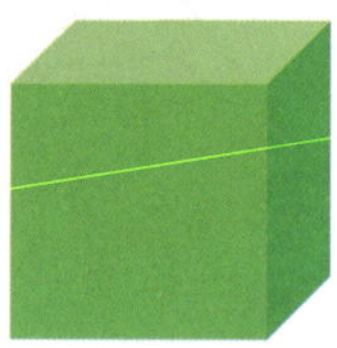

cubo

Vladyslav Danilin/Shutterstock/Imageplus

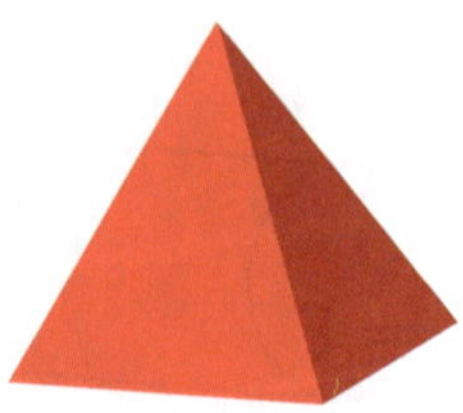

pirâmide

ingimage/Other Images

Em nosso dia a dia, podemos observar diferentes formas nos objetos que nos rodeiam.

Alguns rolam. São os objetos redondos.

Ilustrações: MW Editora Ilustrações Ltda./ Arquivo da editora

cone

cilindro

esfera

Outros não rolam. Não são redondos.

prismas

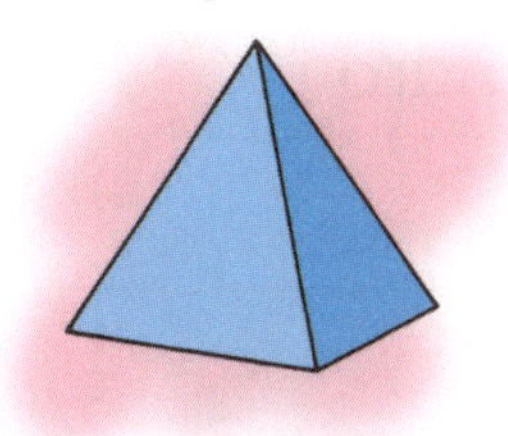

pirâmides

Atividades

1 Em duplas, arranjem caixinhas, latas ou outros objetos que tenham a forma dos sólidos geométricos estudados. Usem as embalagens que descartamos todos os dias. Coloquem-nas para rolar sobre uma superfície inclinada. Depois, separem no quadro os sólidos que rolam e os que não rolam.

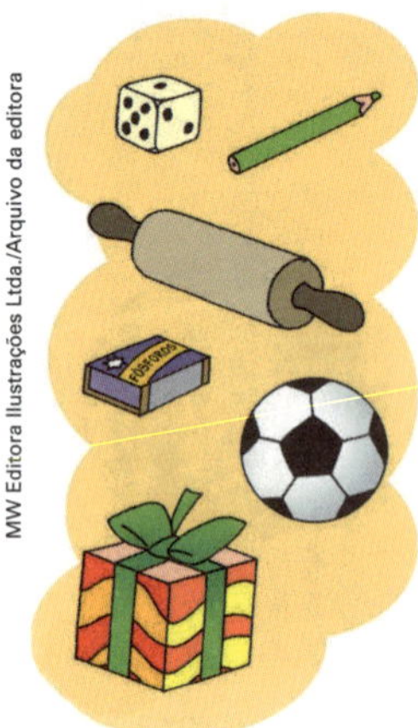
MW Editora Ilustrações Ltda./Arquivo da editora

Rolam	Não rolam

a) Agora, considere apenas os objetos que não rolam e escreva o nome dos que têm a forma de:

Cubo	Paralelepípedo	Pirâmide

b) Considerando os objetos que rolam, escreva o nome dos que têm a forma de:

Cilindro	Cone	Esfera

2 Observe as imagens e complete as falas, identificando se os sólidos abaixo rolam ou não rolam.

Ilustrações: Ilustra Cartoon/Arquivo da editora

Superfícies planas e não planas

Algumas superfícies são planas, como a de um campo de futebol:

Ilustrações: Ilustra Cartoon/Arquivo da editora

Outras superfícies não são planas, como a de um tobogã ou de uma montanha-russa.

Os sólidos que não rolam são limitados por superfícies planas chamadas **faces**. As faces desses sólidos têm a forma de **polígonos**.

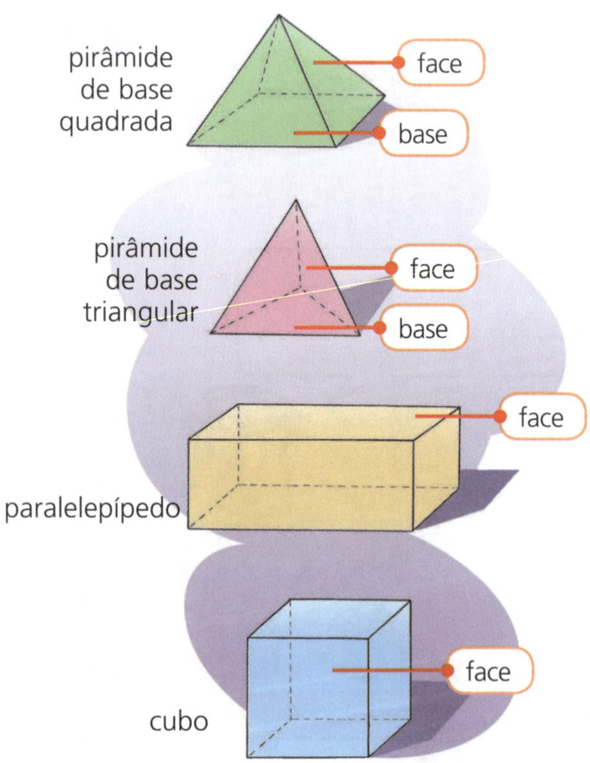

As bases das **pirâmides** têm a forma de um **polígono qualquer**, e as outras faces são sempre **triângulos**.

Em alguns casos, uma das faces do sólido é chamada de **base**.

O **paralelepípedo** retangular tem seis faces em forma de **retângulo**.

O **cubo** tem seis faces em forma de **quadrado**.

Veja agora as superfícies dos sólidos que rolam.

esfera

Este sólido tem a **superfície esférica**.

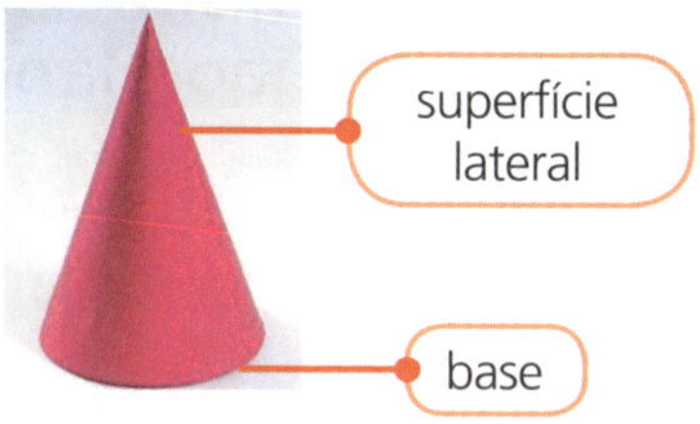

cone

A base do **cone** é um **círculo** (figura plana). Sua superfície lateral não é uma figura plana.

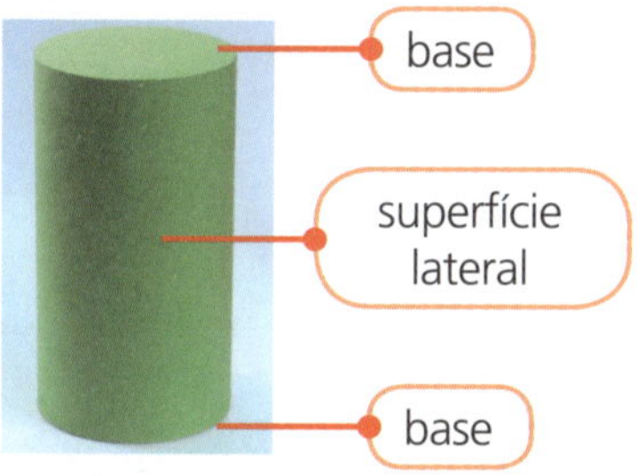

cilindro

Fotos: Arquivo da editora

As bases do **cilindro** também são **círculos** (figuras planas). Sua superfície lateral não é uma figura plana.

Saiba mais

Pirâmide de Quéops

O Egito é conhecido como o país das pirâmides. Quéops é a maior e a mais famosa.

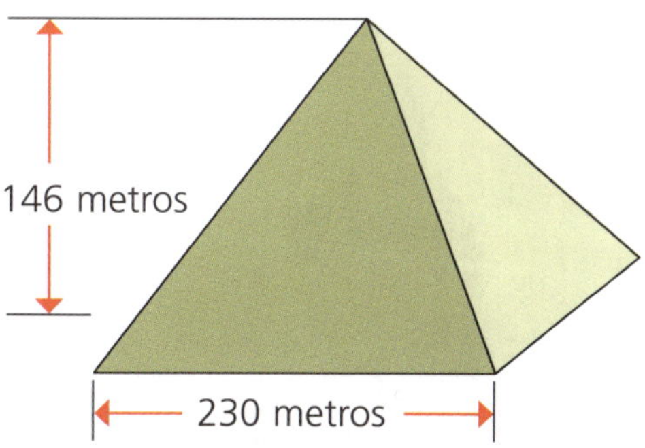

Pirâmide de Quéops, Egito.

Styve Reineck/Shutterstock/Glow Images

A construção das pirâmides foi possível porque os egípcios dominavam muitos conhecimentos de Geometria.

Atividades

1 Observe os objetos e marque suas características com um **X**.

Objeto	Rola	Não rola	Tem superfície plana	Tem superfície não plana
 Kokhanchikov/Shutterstock/Imageplus				
 Aaron Stein/Shutterstock/Imageplus				
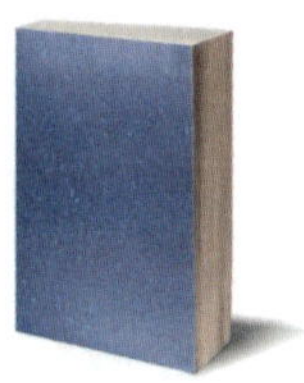 J. Helgason/Shutterstock/Imageplus				
 saiko3p/Shutterstock/Imageplus				

2 Complete os espaços com o nome dos sólidos geométricos.

a) A caixa de presente lembra o

....

b) O chapeuzinho lembra o

....

c) O bolo lembra o

....

d) As bexigas lembram a

....

Ilustra Cartoon/Arquivo da editora

3 É comum vermos nas construções formas que lembram figuras geométricas. Veja estas:

Zoran Karapancev/Shutterstock/Glow Images

Museu do Louvre, na França.

Petr Jilek/Shutterstock/Glow Images

Torre de Pisa, na Itália.

- Responda às questões.

a) Que sólido geométrico lembra a Torre de Pisa?

....

b) Que sólido geométrico lembra a entrada do Museu do Louvre?

....

4 Escolha um sólido geométrico e faça um desenho de alguma construção baseado nele.

Matemática e diversão

Vamos construir uma pirâmide?

O professor vai desenhar um molde de pirâmide na lousa. Copie-o em uma cartolina branca para depois recortar e montar uma pirâmide. Dobre e cole onde for necessário.

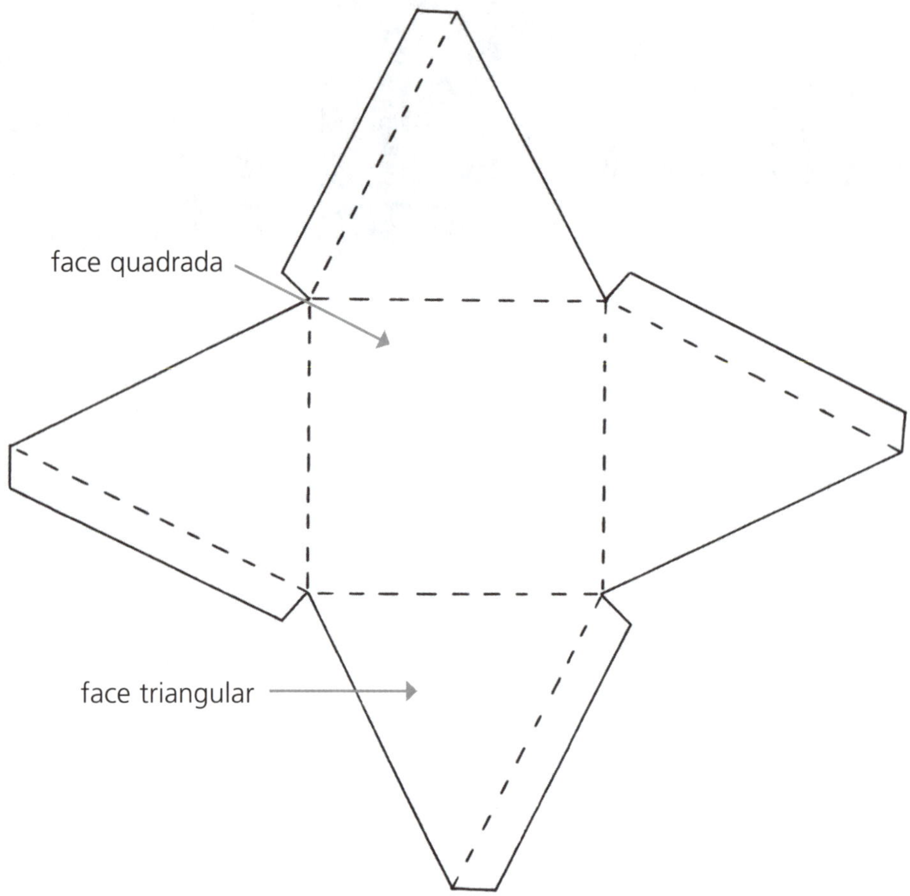

a) Antes de recortar e montar a pirâmide, pinte a face quadrada de uma cor e as triangulares de outra cor.

b) Agora, complete as frases.

Na pirâmide que montei há .... face quadrada e .... faces triangulares.

Na minha pirâmide, a forma da base é .... e usei a cor .... para pintá-la.

Arestas e vértices

O dado lembra um cubo.

O cubo tem 8 vértices e 12 arestas.

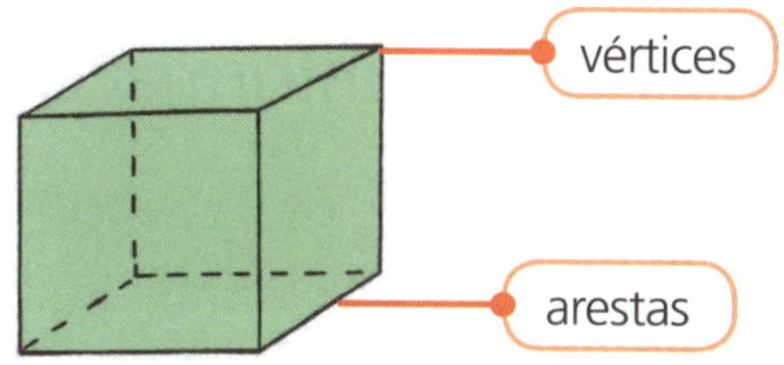

Vistas de objetos

Ilustra Cartoon/Arquivo da editora

A menina de amarelo está vendo o aquário de frente (visão frontal). A menina de vermelho está vendo de lado (visão lateral). E o menino de azul está vendo o aquário de cima (visão superior).

Atividades

1 Complete as informações do quadro abaixo.

Sólido		Número de faces	Número de vértices	Número de arestas
	pirâmide de base quadrada	....	....	....
	paralelepípedo	....	....	....

2 Observe os sólidos e analise se as afirmativas abaixo são verdadeiras (**V**) ou falsas (**F**).

- ◯ O paralelepípedo tem o mesmo número de vértices que o cubo.
- ◯ A bola tem 2 arestas.
- ◯ O cubo tem o mesmo número de faces que o paralelepípedo.
- ◯ A bola não tem base.

3 Ligue cada sólido à sua vista superior.

4 Observe a cena.

Ilustra Cartoon/Arquivo da editora

a) Assinale a vista que a menina tem das caixas que aparecem na cena acima.

 ◯ 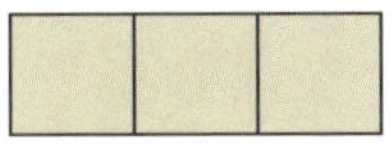 ◯ 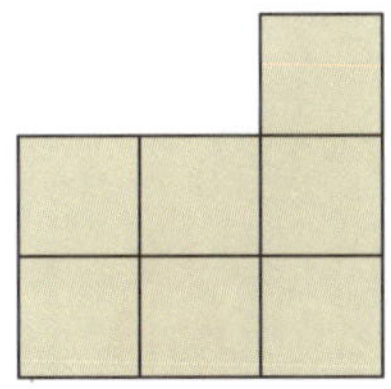 ◯

b) Agora assinale a vista que o menino tem.

 ◯ 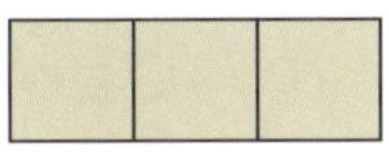 ◯  ◯

5 Relacione as colunas.

Sólidos	Vista lateral
(1) 	◯ 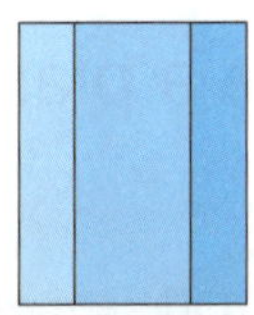
(2) 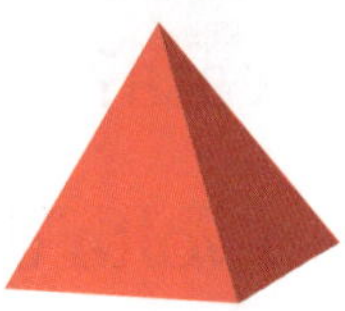	◯ 
(3) 	◯ 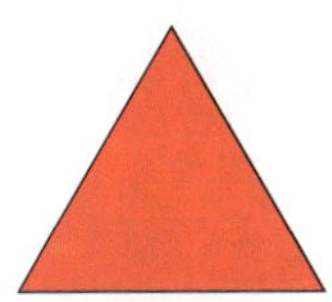
(4) 	◯ 

6 Observe a embalagem desmontada.

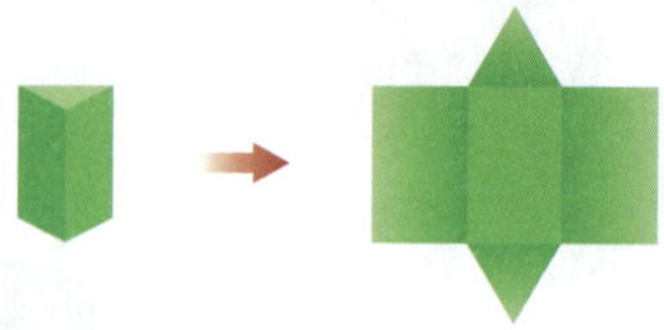

Ilustra Cartoon/Arquivo da editora

Agora, enumere a 2ª coluna de acordo com a 1ª.

(1) 	( ) 
(2) 	( ) 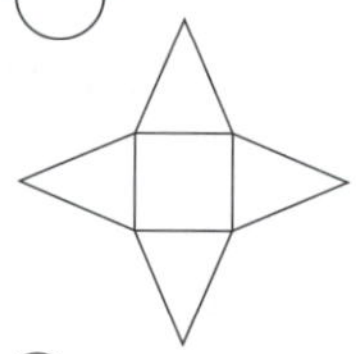
(3) 	( ) 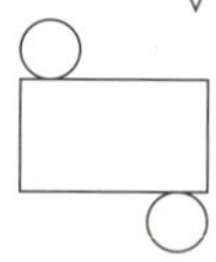
(4) 	( ) 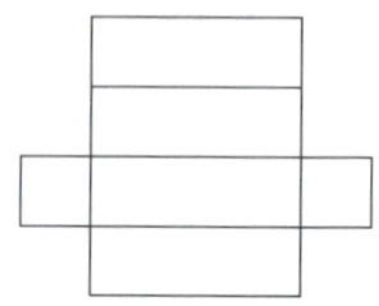
(5) 	( ) 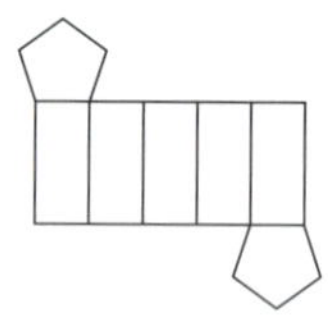

7 Veja a planta da casa de Verônica (vista de cima, sem o telhado).

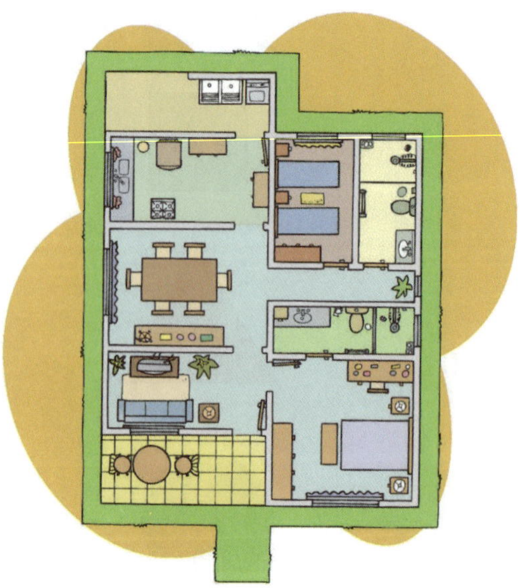

Ilustrações: MW Editora Ilustrações Ltda./Arquivo da editora

- Agora, responda às questões.

a) Quantos quartos há na casa? ....

b) Quantas cadeiras há em volta da mesa da sala? ....

c) Quantas camas há no quarto das crianças? ....

d) A mesa da varanda é quadrada ou redonda? ....

Linhas abertas e linhas fechadas

Observe os quadros e tente descobrir onde há linhas abertas e onde há linhas fechadas.

Nanquim sobre papel sobre papelão, 18,9 cm X 25,8 cm.

Paisagem rural, de Tarsila do Amaral, 1924.

Óleo sobre tela, 60,5 cm X 72,7 cm. Coleção particular, RJ.

O sono, de Tarsila do Amaral, 1928.

Linhas abertas simples e linhas abertas não simples

As **linhas abertas simples** são traçadas sem que se cruzem.

As **linhas abertas não simples** apresentam cruzamentos.

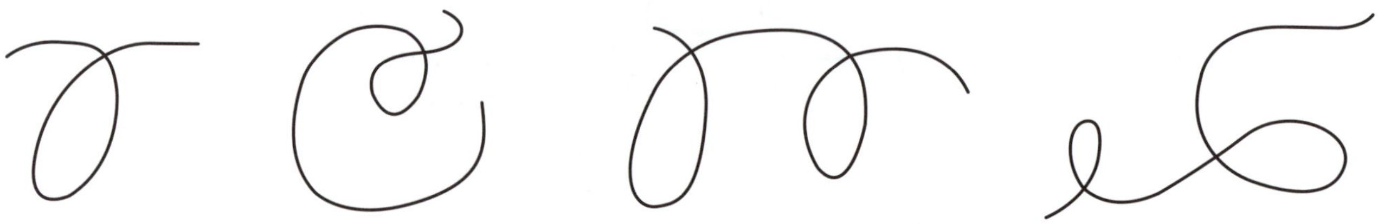

Linhas fechadas simples e linhas fechadas não simples

As **linhas fechadas** simples não apresentam cruzamentos.

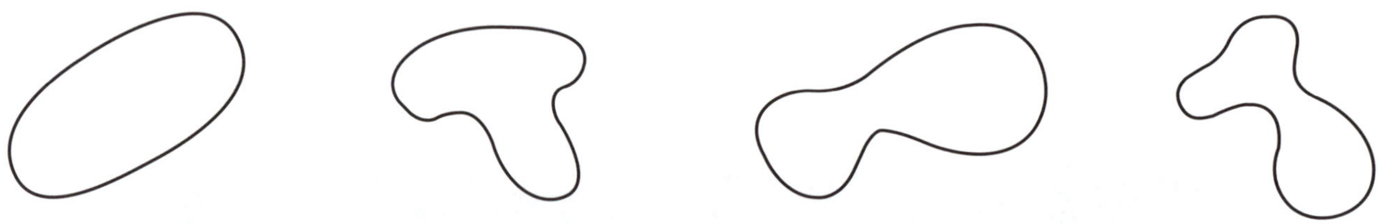

As **linhas fechadas não simples** apresentam cruzamentos.

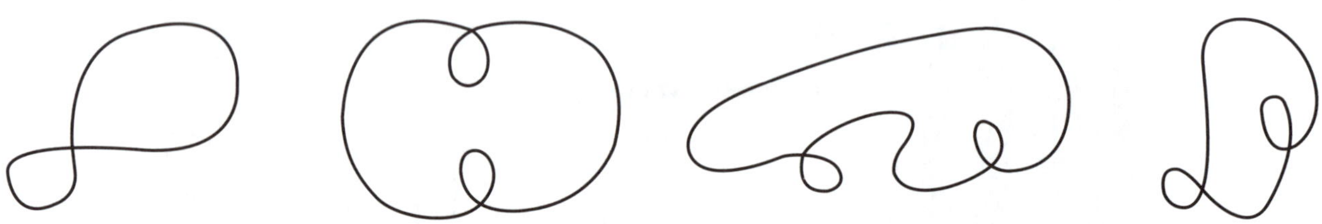

Região interna e região externa de uma linha fechada simples

O professor pediu à classe que desenhasse uma estrela no interior de uma linha fechada simples e uma flor no exterior.

Observe o trabalho de Jaqueline.

Atividades

1 Classifique os tipos de linha em abertas ou fechadas.

Avalone/Arquivo da editora

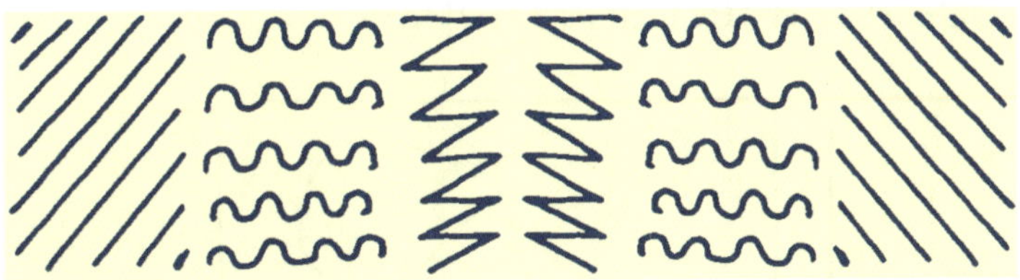

2 Complete a frase.

Flávia está pulando corda. Observe a corda.

Ela está formando uma linha ....

....

Dynamic Graphics

3 Numere corretamente.

(1) linha aberta não simples

(2) linha fechada não simples

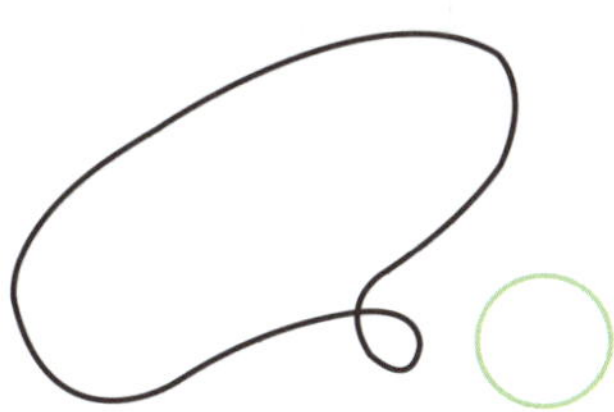

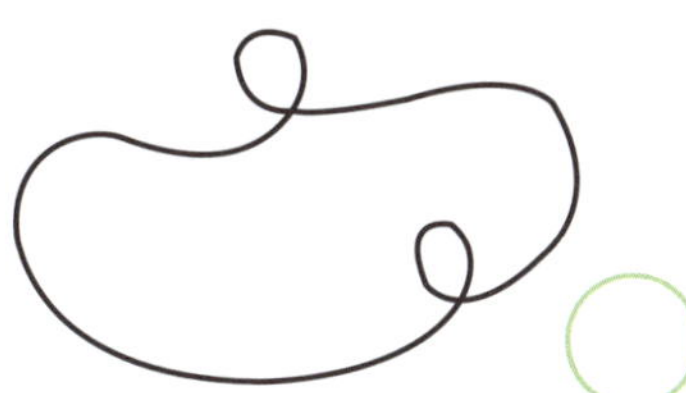

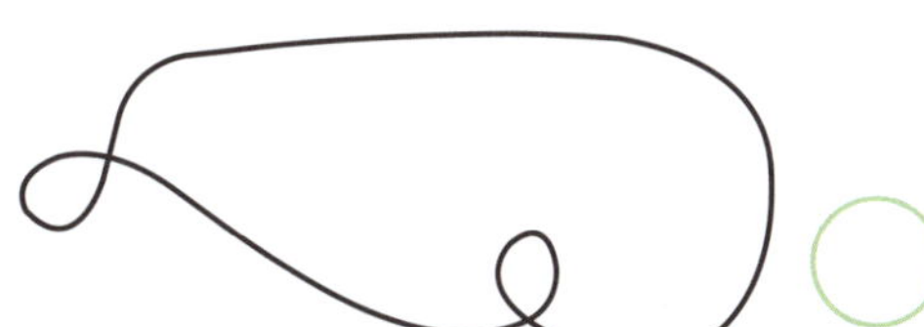

4 Pinte a região externa de cada linha fechada simples.

5 Pinte a região interna de cada linha fechada simples.

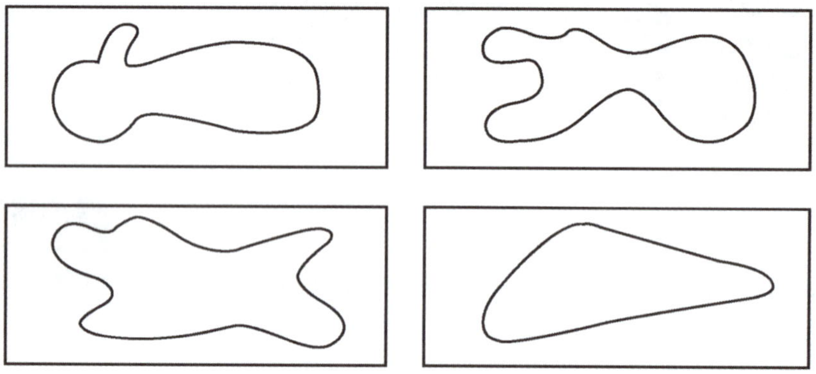

6 Coloque no quadro correspondente o nome das figuras que estão no **interior** da linha fechada simples e das que estão no **exterior** dessa linha.

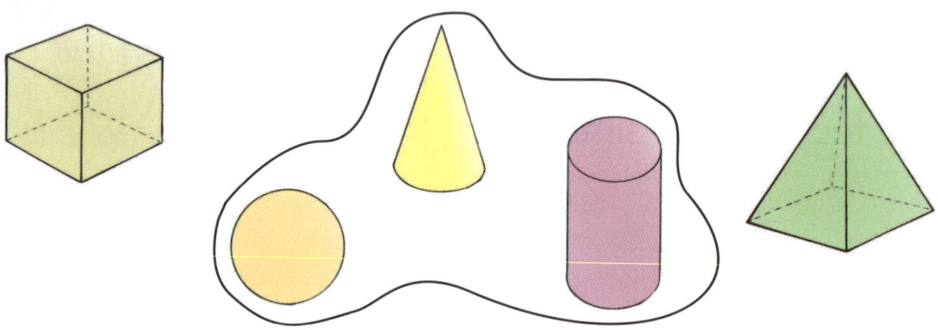

Interior

Exterior

Linhas retas e linhas curvas

Uma corda bem esticada nos dá a ideia de **linha reta**.

Dex Image/Getty Images

Agora a corda nos dá ideia de **linha curva**.

Veja Ofélia e Tadeu voltando da escola a pé.

Ilustrações: Ilustra Cartoon/Arquivo da editora

- Responda:

  a) O caminho que Ofélia percorre nos dá a ideia de uma linha:

  ◯ reta ◯ curva

  b) O caminho que Tadeu percorre nos dá a ideia de uma linha:

  ◯ reta ◯ curva

Atividades

1 Usando uma régua, trace com um lápis vermelho duas retas que se cruzem (isto é, que tenham um ponto comum).

2 Continue desenhando e pintando os mosaicos.

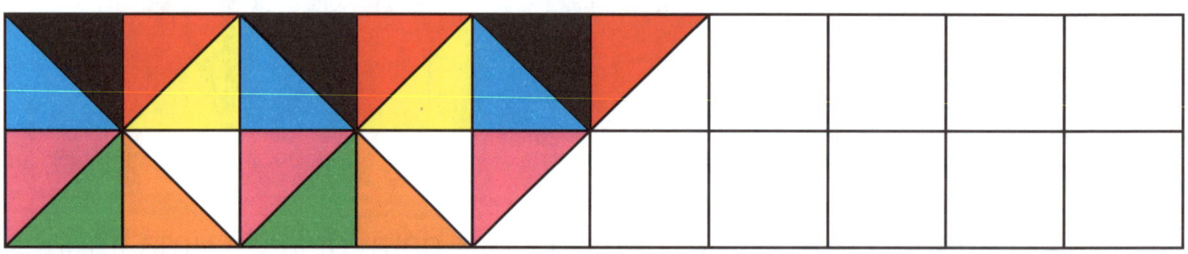

3 Observe os desenhos e pinte as linhas retas de azul e as curvas de vermelho.

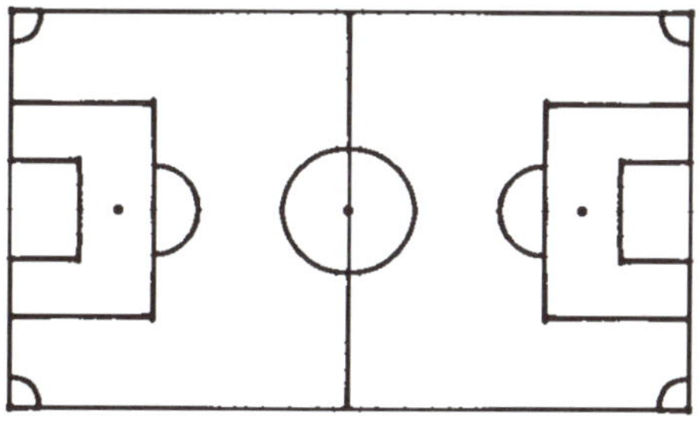
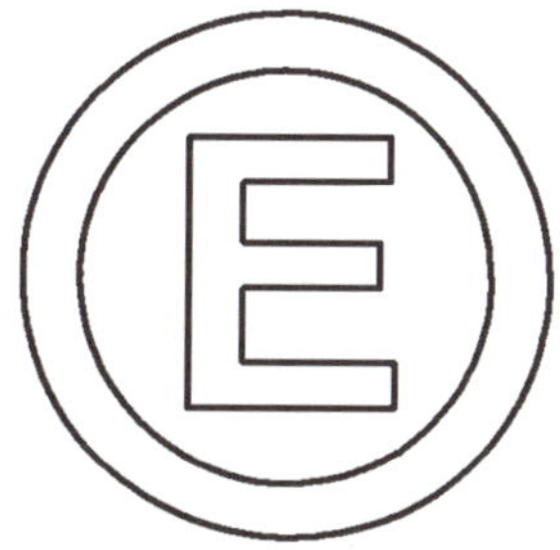

4 Adriano fez desenhos usando apenas linhas curvas. Betânia usou apenas linhas retas. Circule de vermelho os desenhos de Adriano e de preto os desenhos de Betânia.

Ilustrações: Ilustra Cartoon/Arquivo da editora

5 Agora faça um desenho usando linhas retas e linhas curvas.

Matemática e diversão

Visita ao zoológico

A turma do 3º ano de uma escola visitou o jardim zoológico da cidade. Siga o código e complete o roteiro da visita.

1	1	3	1	2	1	3	9	3	2	1	2	1	5	4
↓	←	↓	→	↓	←	↓	→	↑	←	↑	→	↑	←	↑

Ilustra Cartoon/Arquivo da editora

Capítulo 4

Sistema monetário brasileiro

OED

Gláucia foi à papelaria e levou 50 reais.

Veja o que ela precisa comprar:

Ilustra Cartoon/Arquivo da editora

Gláucia conseguiu comprar tudo aquilo de que precisava? Por quê?

Nosso dinheiro

Cada povo tem seu dinheiro. Nos Estados Unidos, por exemplo, usa-se o **dólar**. O **euro** é usado em vários países da Europa.

No Brasil usamos o **real**. Nosso dinheiro se apresenta de duas formas: cédulas e moedas.

Cédulas

R$ 2,00
dois reais

Fotos: Casa da Moeda do Brasil/Arquivo da editora

R$ 20,00
vinte reais

R$ 5,00
cinco reais

R$ 50,00
cinquenta reais

R$ 10,00
dez reais

R$ 100,00
cem reais

Moedas

R$ 0,01
um centavo

R$ 0,05
cinco centavos

R$ 0,10
dez centavos

R$ 0,25
vinte e cinco centavos

R$ 0,50
cinquenta centavos

R$ 1,00
um real

Observe que antes do valor das cédulas e moedas usamos **R$**.

R$ é o símbolo do real.

1 real é dividido em 100 partes iguais.

Cada uma dessas partes chama-se **centavo**.

100 centavos correspondem a 1 real.

Saiba mais

As várias faces do dinheiro

Ilustra Cartoon/Arquivo da editora

Há muito, muito tempo, as pessoas começaram a trocar mercadorias entre si. Esse sistema de trocas chama-se **escambo**. Foi daí que surgiu o dinheiro. Para facilitar a vida, o comércio e o transporte, o dinheiro podia ser trocado por qualquer coisa, pois seu valor era aceito por todos.

O dinheiro teve caras diferentes. Já foi discos de pedra, conchas, chá, sal (daí a palavra salário), pedaços de metal. Hoje temos vários tipos de dinheiro em circulação: moedas (de metal), cédulas ou notas (de papel), cartão de crédito (de plástico), etc. Cada país desenha o seu dinheiro de um jeito próprio.

No mundo do consumo: a administração das necessidades e dos desejos, de Edson Gabriel Garcia. São Paulo: FTD. (Texto adaptado).

Atividades

1 Represente o valor de cada cédula e moeda abaixo. Escreva também esse valor por extenso. Veja o exemplo.

 R$ 20,00 vinte reais		 ....
		 ....

Fotos: Casa da Moeda do Brasil/Arquivo da editora

2 O ingresso para um parque recreativo custa R$ 40,00. Diogo está guardando dinheiro para a entrada. Veja quanto ele tem até agora.

a) Quantos reais Diogo tem? ....

b) Quanto falta para ele poder comprar o ingresso do parque? ....

3 Pesquise o preço destas mercadorias e escreva-os:

Arquivo da editora/Divulgação

1 quilo de arroz

R$ ....

Neel Sky/Shutterstock/Glow Images

1 dúzia de ovos

R$ ....

Fernando Favoretto/Criar Imagem

1 litro de leite

R$ ....

4 Observe a tabela da cantina da escola em que Marcos estuda.

cachorro-quente	R$ 1,50	chocolate	R$ 1,20
misto-quente	R$ 1,80	suco de laranja	R$ 1,50
biscoito	R$ 1,60	outros sucos	R$ 2,50
maçã	R$ 1,00	chiclete	R$ 0,20

MW Editora Ilustrações Ltda./Arquivo da editora

a) Escreva por extenso os preços:

- do suco de laranja: ....
- do biscoito: ....
- da maçã: ....
- do chiclete: ....

b) Marcos levou estas moedas para comprar seu lanche na cantina.

Fotos: Casa da Moeda do Brasil/Arquivo da editora

- Quanto reais Marcos levou? ....
- Marcos comeu um cachorro-quente e tomou um suco de laranja. Quanto ele gastou? ....
- Marcos também queria comprar um chiclete. Quanto lhe faltou?

....

c) Agora veja a quantia que Renata levou para o lanche e responda às perguntas.

- Quanto Renata levou? ....
- Renata comprou um pacote de biscoito e uma maçã. Com a quantia que restou ela poderá comprar um suco de laranja? ....
- Quanto falta para ela comprar o suco de laranja? ....

5 Vamos fazer uma viagem pelo mundo?

Jacek Chabraszewski/Shutterstock/ Glow Images

Pesquise e escreva qual é o dinheiro dos seguintes países:

Ilustrações: Arquivo da editora

França ....

Argentina ....

Japão ....

Estados Unidos ....

6 Vamos trocar dinheiro? Calcule mentalmente.

a) Uma cédula de  pode ser trocada por quantas cédulas de ? ....

b) Quatro cédulas de  podem ser trocadas por quantas cédulas de ? ....

c) Uma cédula de  pode ser trocada por quantas cédulas de ? ....

Fotos: Casa da Moeda do Brasil/Arquivo da editora

Ler, refletir e resolver

1 Este é o dinheiro que Vanessa tem:

Fotos: Casa da Moeda do Brasil/Arquivo da editora

- Responda por extenso.

  a) Quantos reais Vanessa tem? ....

  b) Se ela gastar 20 reais, com quanto ficará? ....

  c) Em vez de gastar, se Vanessa ganhar mais 20 reais, com quanto ela ficará? ....

2 Veja agora quantos reais Marília e Hugo têm:

Ilustrações: Ilustra Cartoon/Arquivo da editora

Fotos: Casa da Moeda do Brasil/Arquivo da editora

a) Complete as frases.

Marília tem .... reais.

Hugo tem .... reais.

b) Quem tem a quantia maior? ....

c) A diferença entre o dinheiro das crianças é de quantos reais?

....

3 Sérgio juntou as seguintes moedas:

Fotos: Casa da Moeda do Brasil/Arquivo da editora

a) Quantos centavos Sérgio juntou no total? ....

b) Sabemos que 100 centavos valem 1 real. Quantos reais e quantos centavos Sérgio juntou? ....

4 Observe o desenho a seguir e responda às perguntas.

Ilustra Cartoon/Arquivo da editora

a) Célia poderá comprar um picolé com o dinheiro que tem? Quanto ela tem no total? ....

b) A menina mudou de ideia e quer comprar uma casquinha. De quantos centavos a mais ela precisa? ....

Matemática e diversão

Contar ou quantificar

Veja o que o Menino Maluquinho pediu a seu amigo Bocão:

Menino Maluquinho, de Ziraldo. **O Globo**, Rio de Janeiro, 2 out. 2004. Globinho, p. 6.

Pela expressão do Menino Maluquinho, seu amigo Bocão entendeu seu pedido?

O tema é...

Para que serve o trabalho?

Blaj Gabriel/Shutterstock/Glow Images

Sempre que pensamos em trabalho imaginamos que seu principal objetivo é ganhar dinheiro para sobreviver. É verdade, isso é muito importante.

Mas essa não é a única finalidade do trabalho. Você já pensou que quando um adulto trabalha está trazendo benefícios para outras pessoas? Está se ocupando, encontrando colegas e se desenvolvendo?

Para exercer o trabalho que escolheu, é necessário que a pessoa tenha as habilidades para isso.

É muito importante, também, que a pessoa tenha satisfação em realizar seu trabalho.

Além disso, devem ser respeitados aspectos que tornam o trabalho digno. Por exemplo:

Goodluz/Shutterstock/Glow Images

- a remuneração justa;

Monkey Business Images/Shutterstock/Glow Images

- a boa relação entre empregado e empregador;

Com seu grupo, você vai realizar as atividades a seguir. Para isso, converse com seus familiares ou outros adultos. Capriche, pois, ao final, seu grupo fará uma apresentação para a classe.

Pesquisem algumas profissões que vocês conhecem e elaborem um texto sobre elas.

Façam também a pesquisa sobre o salário mínimo no Brasil e em outros países e escrevam o que descobriram.

Para complementar a pesquisa, utilizem as questões a seguir como roteiro.

- Muitas vezes, os salários dos homens são maiores do que os das mulheres. Vocês acham que isso é justo?
- O que vocês consideram boas condições de trabalho?
- Como deve ser a relação entre empregador e empregado?
- O tempo de trabalho diário estipulado no Brasil é de 8 horas e mais uma hora para o almoço. O que o trabalhador pode fazer se o patrão exigir mais horas de trabalho?
- O trabalho infantil é proibido no Brasil, apesar de, tanto aqui como em outros países, haver crianças que trabalham. Quais os prejuízos para uma criança que trabalha? Qual a atividade que vocês consideram mais importante nesta fase de sua vida?

Blend Images/Shutterstock/Glow Images

- o número de horas de trabalho;

Andresr/Shutterstock/Glow Images

- a idade certa para começar e parar de trabalhar.

Capítulo 5 Operações com números naturais

Adição (sem reagrupamento)

Vamos lembrar as ideias da **adição**?

- Juntar quantidades.

Quantos pontos eu marquei jogando dois dados?

Veja como podemos registrar:

5 pontos mais 3 pontos são 8 pontos	Adição 5 + 3 = 8

- Acrescentar uma quantidade a outra já existente.

Quantos ovos há na caixa?

Ilustrações: Ilustra Cartoon/Arquivo da editora

Na caixa há 9 ovos. Se acrescentarmos 3 ovos, quantos ovos ficarão?

Veja como se escreve essa adição:

9 + 3 = 12 ou 3 + 9 = 12

Ficarão 12 ovos ou 1 dúzia de ovos.

A ideia de juntar

Amélia é dona de uma banca de jornais. Pela manhã ela recebeu muitos exemplares de revistas. Ela vendeu 34 e ainda sobraram 25. Quantas revistas Amélia recebeu de manhã?

- Esse problema pode ser resolvido por meio de uma adição:

$$34 + 25 = 59$$

Usando o material dourado:

	Dezenas	Unidades	
34	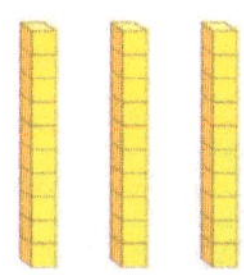		
25	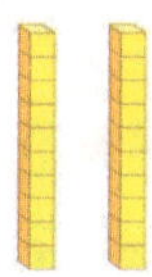		
total	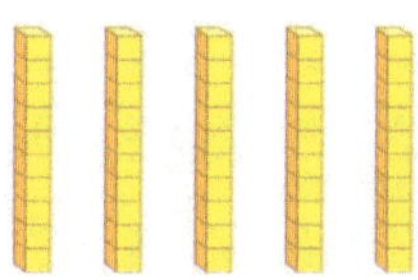		
	50	9	→ 59

Veja, agora, o cálculo dessa adição de outro modo:

D	U
3	4
+ 2	5
5	9

```
  3 4   — parcela
+ 2 5   — parcela
-----
  5 9   — soma ou total
```

> A adição é uma operação matemática.
> A adição é indicada pelo sinal +, que quer dizer **mais**.

Nesse exemplo, 34 e 25 são as **parcelas**, isto é, os elementos que são adicionados. E 59 é o resultado, ou seja, a **soma** ou o **total**.

A ideia de acrescentar

Uma das tarefas da gincana realizada na escola de Mariana era recolher brinquedos para serem doados a um abrigo. A turma do 3º ano **A** arrecadou 43 brinquedos, e a do 3º ano **B** conseguiu 52. Quantos brinquedos foram doados ao abrigo?

Ilustra Cartoon/Arquivo da editora

Para saber quantos brinquedos foram doados, é preciso acrescentar o número de brinquedos arrecadados pelo 3º ano **A** com o número de brinquedos recolhidos pelo 3º ano **B**.

Representando as quantidades:

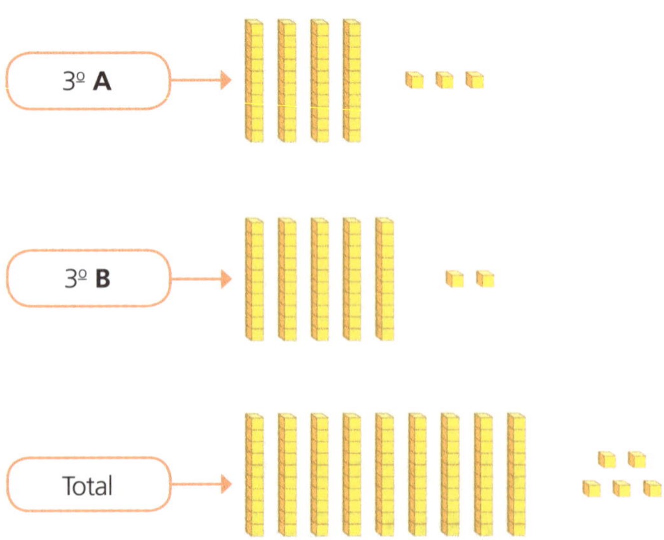

No quadro de ordens:

D	U
4	3
+ 5	2
9	5

Na prática:

$$\begin{array}{r} 43 \\ +\ 52 \\ \hline 95 \end{array}$$

Outra tarefa da gincana era recolher alimentos não perecíveis para serem doados.

As turmas do 4º ano recolheram 95 quilogramas de alimento, e as do 5º ano, 103 quilogramas. Quantos quilogramas de alimentos obtiveram ao todo?

Ilustra Cartoon/Arquivo da editora

Representando as quantidades:

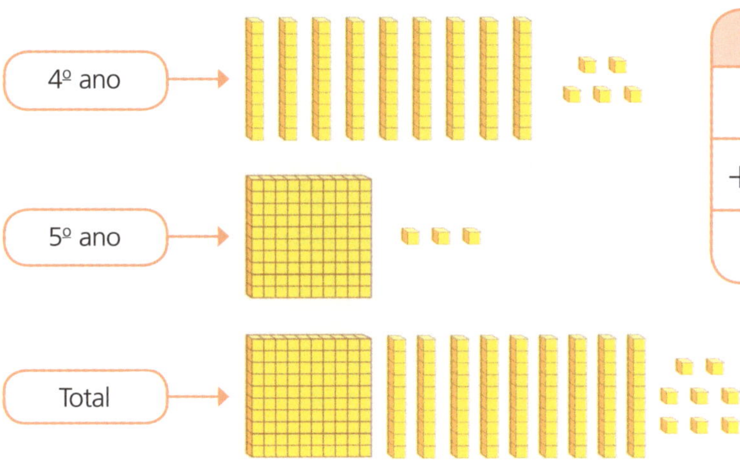

No quadro de ordens:

C	D	U
	9	5
+1	0	3
1	9	8

Na prática:

$$\begin{array}{r} 95 \\ +\ 103 \\ \hline 198 \end{array}$$

Para efetuar uma adição, colocamos unidade embaixo de unidade, dezena embaixo de dezena, centena embaixo de centena.
Em seguida, adicionamos as unidades, as dezenas e as centenas.

Atividades

1 Arme e efetue no quadro de ordens.

6 + 3 = ...

C	D	U
+		

65 + 23 = ...

C	D	U
+		

135 + 223 = ...

C	D	U
+		

2 Arme e efetue as adições.

a) 4 + 8 + 6 = ...

b) 632 + 130 + 25 = ...

c) 132 + 42 + 4 = ...

d) 450 + 121 + 218 = ...

e) 223 + 42 + 4 = ...

f) 812 + 151 + 23 = ...

g) 417 + 202 = ...

h) 246 + 203 = ...

i) 43 + 21 + 12 = ...

j) 5 + 341 + 232 = ...

3 Veja como Hugo fez para calcular aproximadamente quanto ia gastar.

Ilustra Cartoon/Arquivo da editora

a) Agora é sua vez: Mariana quer comprar uma boneca que custa R$ 43,00 e um livro que custa R$ 18,00. Quanto ela vai gastar aproximadamente?

◯ 50 reais ◯ 60 reais ◯ 48 reais

b) Agora faça a conta para saber o valor exato.

4 Calcule o valor aproximado e depois o valor exato das adições.

	Aproximado	Exato
18 + 21 =		
29 + 32 =		
22 + 19 =		

5 O quadro a seguir mostra as frutas na barraca de um feirante.

Graviola	Cajá	Abacaxi
121	232	343

- Escreva no quadro de ordens quantas graviolas, cajás e abacaxis há na barraca. Em seguida, calcule quantas frutas há no total.

  Há .... frutas na barraca do feirante.

	C	D	U
Graviola			
Cajá			
Abacaxi			
total			

6 Observe a seguinte conta que a professora de Lucas deu à turma como lição de casa:

52 + 46

Para resolver a operação Lucas decompôs os números. Adicionou as dezenas e as unidades.

Hogan Imaging/Shutterstock/Glow Images

a) Explique a estratégia que Lucas usou para fazer a adição.

b) Usando a mesma estratégia de Lucas, efetue as adições:

- 26 + 12
- 71 + 15
- 42 + 55

Ler, refletir e resolver

1. Na festa de encerramento do ano letivo na escola estavam presentes 304 pais, 160 alunos e 12 professores.
Quantas pessoas foram a essa festa?

2. Observe a placa de aviso de um ônibus.

MW Editora Ilustrações Ltda./Arquivo da editora

Qual é a lotação máxima desse ônibus?

3. Quais números estão apagados? Uma dica: a soma das parcelas em linha reta é sempre 15.

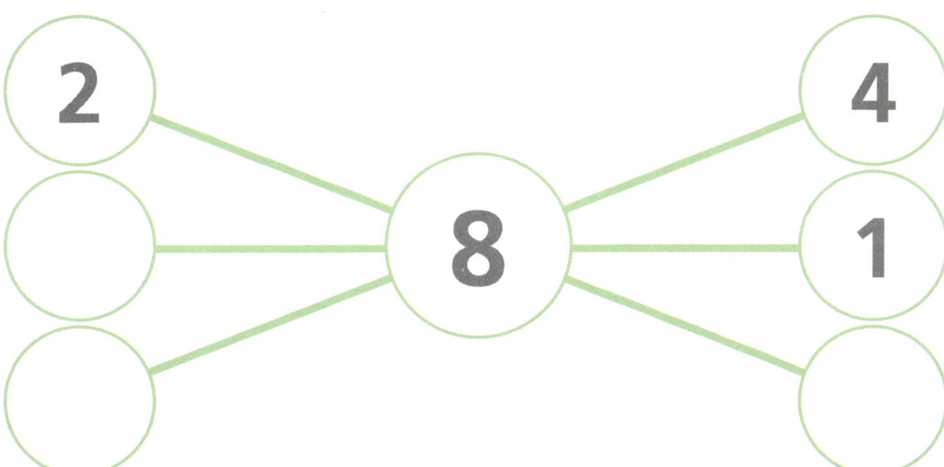

Adição (com reagrupamento)

Eduardo comprou 65 bolinhas de gude e Márcia comprou 26. Eles compraram ao todo:

65 + 26 = 91 bolinhas de gude

Rubens Chaves/Arquivo da editora

LEMBRE-SE:

Joca de Jong/Shutterstock/Glow Images

Vamos usar o material dourado para representar a quantidade de bolinhas que cada criança comprou. Em seguida, podemos fazer a adição.

→ UNIDADE → DEZENA  → CENTENA

		C	D	U
65	6 D + 5 U →		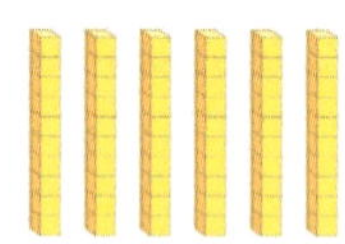	
26	2 D + 6 U →		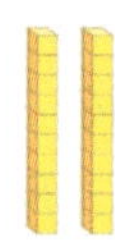	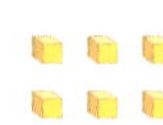
	8 D + 11 U →		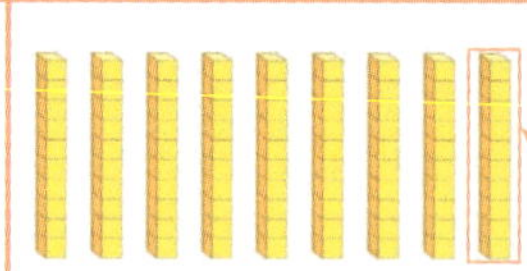	
91	→			1

Ao adicionar as unidades (5 + 6), obtivemos 11. E então 10 unidades foram trocadas por 1 dezena.

Veja como essa adição é feita na prática.

$$5 + 6 = 11$$

11 unidades ⟶ 1 dezena e 1 unidade

Colocamos 1 unidade na ordem das unidades. E 1 dezena vai para a ordem das dezenas. Adicionamos 1 dezena do "vai 1" + 6 dezenas + + 2 dezenas ⟶ 9 dezenas.

C	D	U
	①6	5
+	2	6
	9	1

Na prática:

```
 ①
  6 5
+ 2 6
-----
  9 1
```

10 unidades ⟶ 1 dezena

Ao completar 10 unidades, 1 dezena vai para a ordem das dezenas.

10 dezenas ⟶ 1 centena

Ao completar 10 dezenas, 1 centena vai para a ordem das centenas.

- Agora é a sua vez. Efetue as adições dessa corrida. Vence o carro que primeiro ultrapassar o número 100.

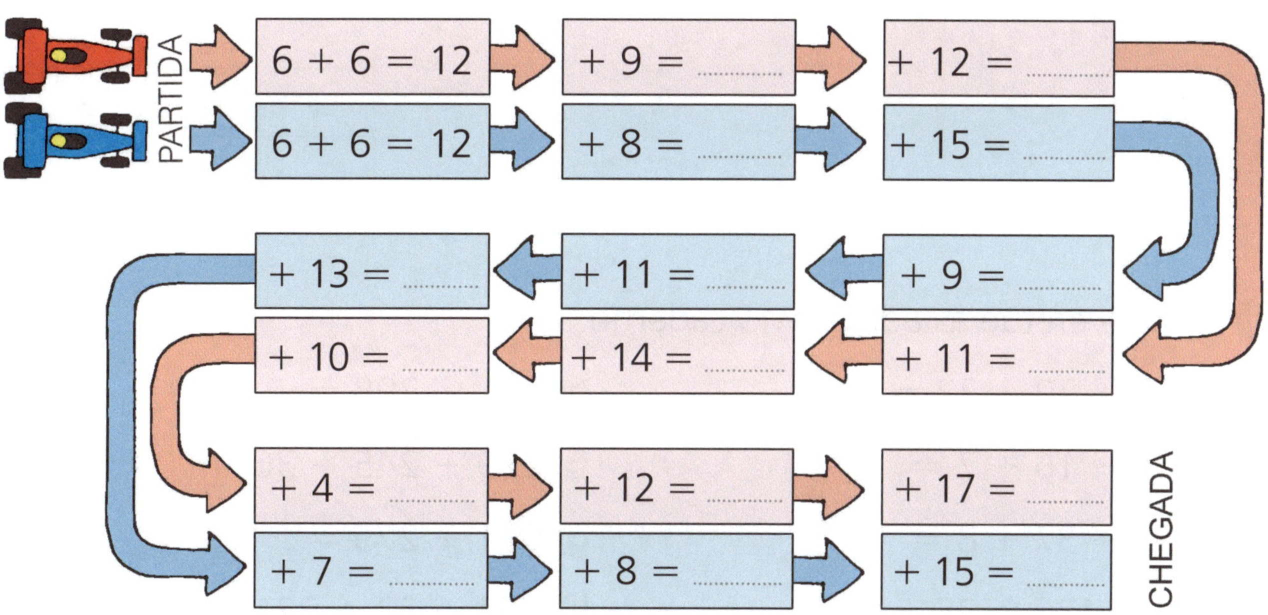

Avalone/Arquivo da editora

Atividades

1 Faça trocas necessárias e efetue as adições.

33 →
38 →

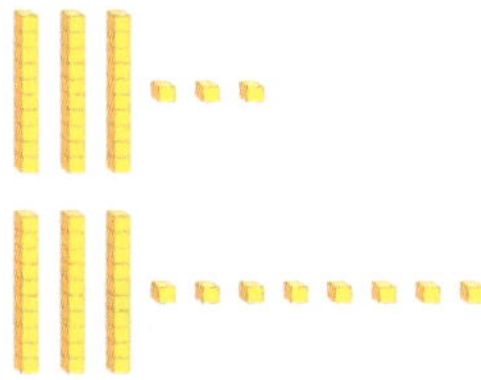

D	U
3	3
+ 3	8

234 →
173 →

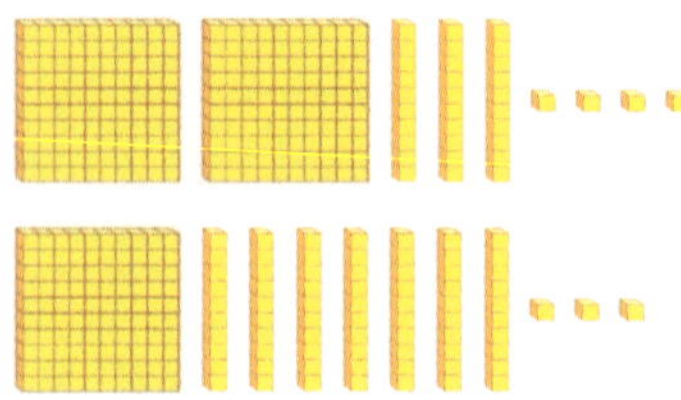

C	D	U
2	3	4
+ 1	7	3

167 →
36 →
29 →

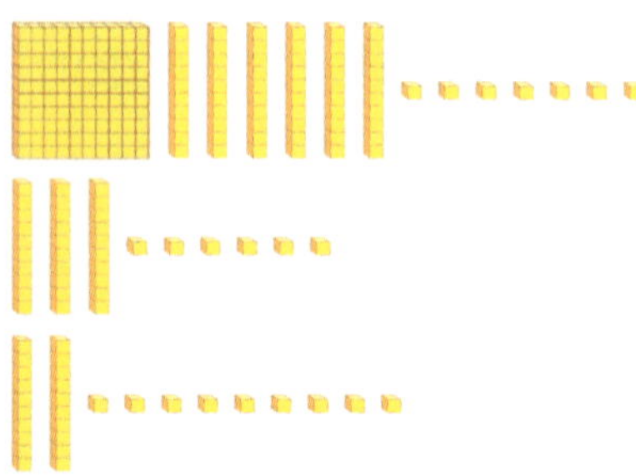

C	D	U
1	6	7
	3	6
+	2	9

2 Arme e efetue as adições no caderno.

a) 12 + 29 + 23 = ...

b) 75 + 16 + 7 = ...

c) 90 + 37 + 8 = ...

d) 8 + 136 + 25 = ...

e) 371 + 298 = ...

f) 219 + 245 + 36 = ...

g) 521 + 279 = ...

h) 164 + 32 + 221 = ...

3 Leve o cachorro até o osso passando somente pelas casas numeradas com os resultados encontrados nas adições da atividade 2 da página anterior.

MW Editora Ilustrações Ltda./Arquivo da editora

Se o cachorro chegou até o osso, você acertou todas as adições. Se parou em algum lugar, refaça as contas que você errou para encontrar os números que indicam o caminho.

Ler, refletir e resolver

1. Para ganhar uma boneca no jogo de argolas de um parque de diversões, é preciso fazer 100 pontos ou mais jogando apenas 3 argolas. Observe o jogo de Natacha. Ela ganhou a boneca? Por quê?

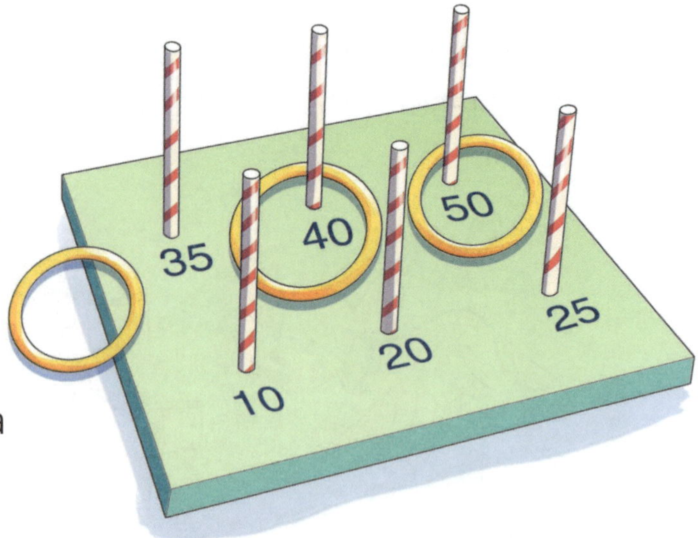

2. Edson tinha R$ 125,00 e ganhou R$ 75,00 em seu aniversário. Com quanto ele ficou?

3. Para o aniversário de Andressa, sua mãe comprou 1 centena de balões brancos, 7 dezenas de balões vermelhos e 45 balões verdes. Quantos balões ela comprou ao todo?

Ilustra Cartoon/Arquivo da editora

4 Úrsula pesquisou em folhetos de três drogarias o preço de alguns produtos.

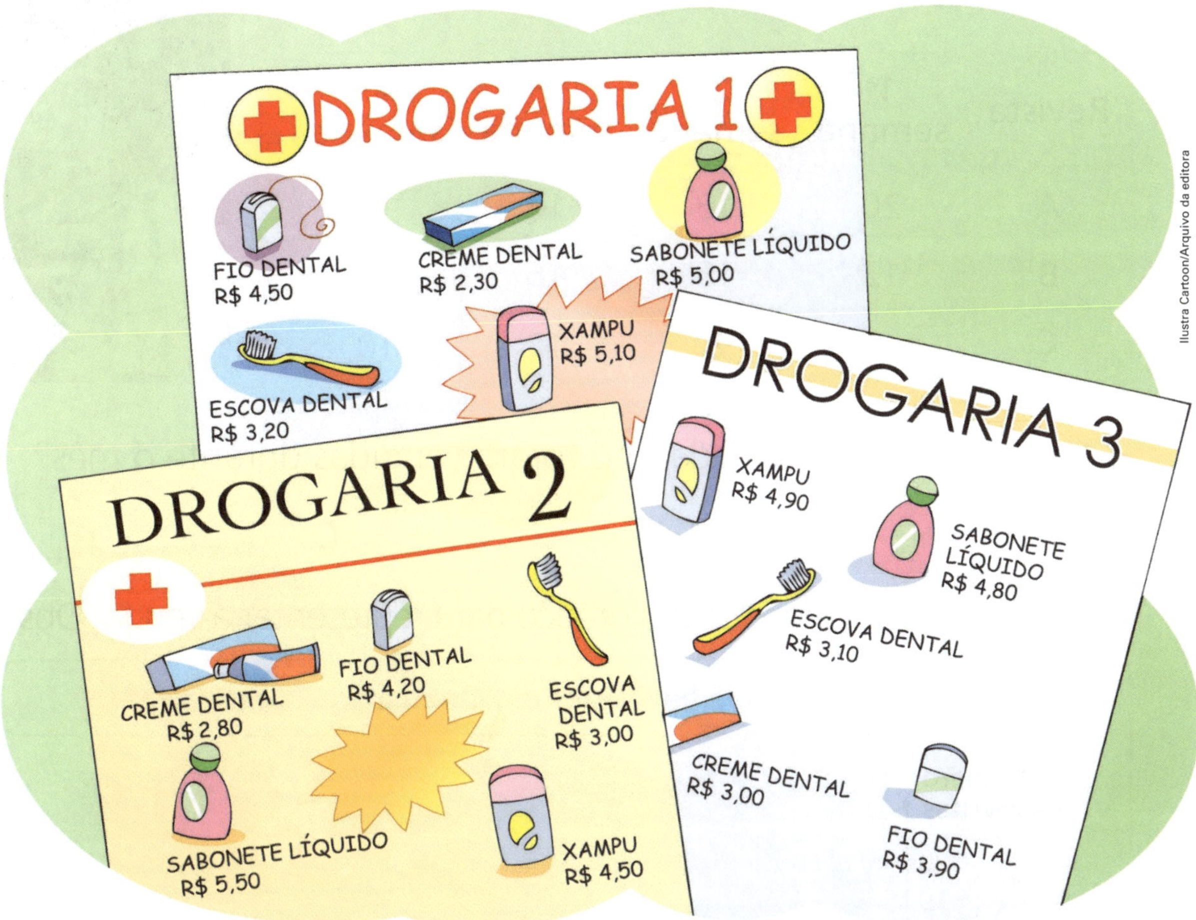

Ilustra Cartoon/Arquivo da editora

a) Úrsula precisa comprar xampu, fio dental e sabonete líquido. Comprando os três produtos na mesma drogaria, em qual pagará menos?

b) Para economizar mais, Úrsula comprou os produtos pela melhor oferta de cada drogaria. Quanto ela gastou?

5 Ricardo é jornaleiro. Ele anota em um quadro a quantidade de revistas vendidas por semana. Observe abaixo a venda de revistas do último mês.

Revista	1ª semana	2ª semana	3ª semana	4ª semana
A	20	13	18	16
B	12	18	16	5
C	4	8	17	10

Iara Venanzi/Arquivo da editora

- Quantas revistas de cada tipo foram vendidas durante o mês?

A → .... **B** → .... **C** → ....

No fim do mês, Ricardo fez um gráfico para representar a venda. Observe:

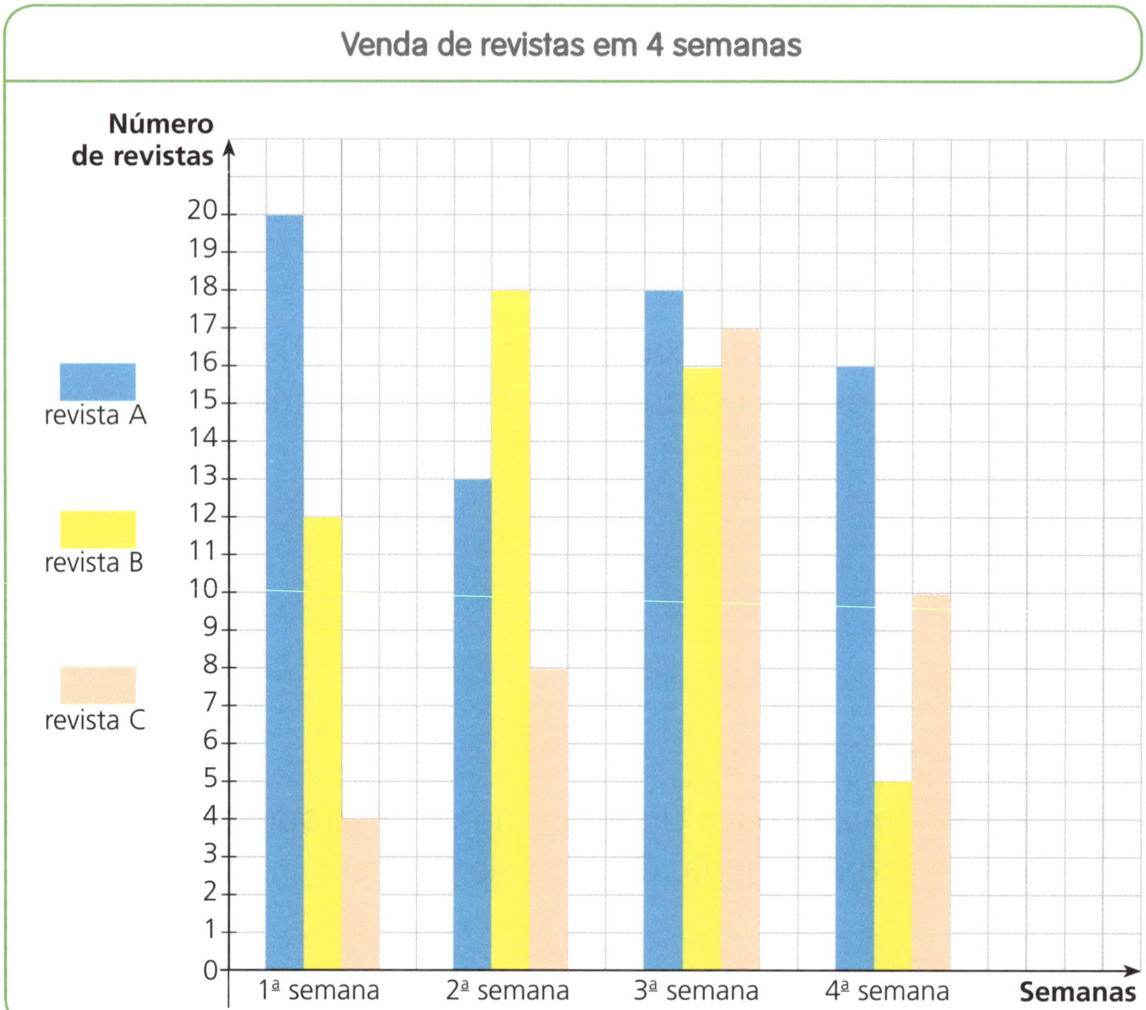

- Agora, analisando o gráfico, responda às perguntas.

  a) Qual foi a revista mais vendida durante todo o mês? ....

  b) Qual foi a revista mais vendida na 2ª semana? ....

  c) Qual foi a revista menos vendida na 2ª semana? ....

  d) Comparando a 2ª semana com a 4ª semana, a venda de revistas aumentou ou diminuiu? ....

6 Para os jogos olímpicos do colégio de Silvana, cada turma escolheu uma mascote.

O gráfico abaixo mostra o resultado da eleição da mascote de uma turma de 3º ano com 32 alunos votantes.

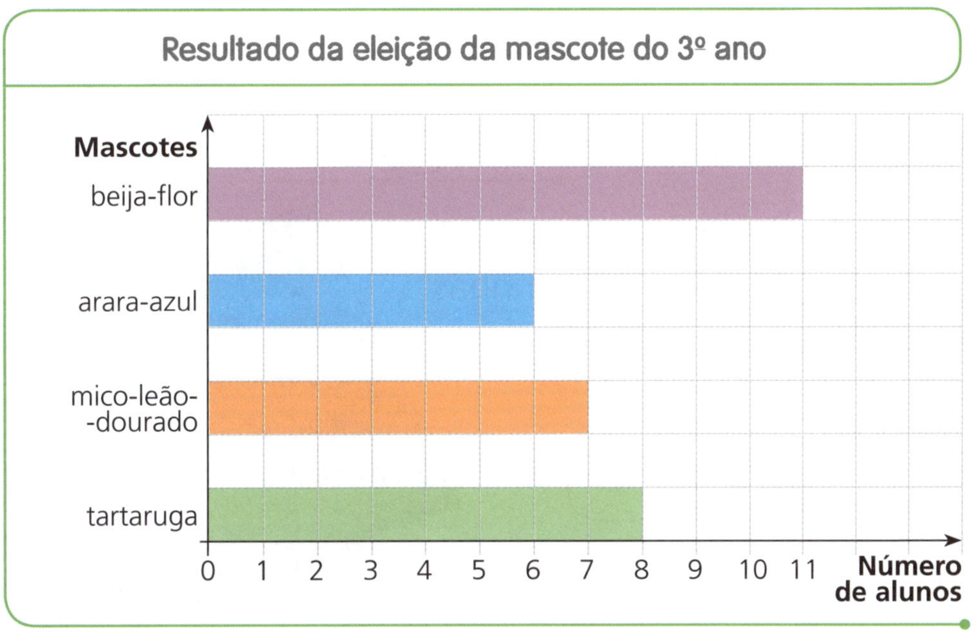

a) Quantos votos o beija-flor teve a mais que o mico-leão-dourado?

....

b) Quantos alunos escolheram a tartaruga para mascote da turma?

....

c) Qual foi o animal menos votado? ....

d) Qual foi a mascote dessa turma de 3º ano? ....

Subtração (sem reagrupamento)

Você já sabe que usamos a operação chamada **subtração** para tirar uma quantidade de outra.

Ao resolver problemas do dia a dia, é possível perceber que a subtração liga-se a três ideias:

Ideia de retirar

QUANTO RESTA?

De uma embalagem com 12 ovos, 2 estavam quebrados. Quantos ovos foram aproveitados?

12 − 2 = 10

Foram aproveitados 10 ovos.

Ideia de completar

QUANTO FALTA?

Nesta página do álbum cabem 8 figurinhas. Danilo colou 2 figurinhas. Quantas faltam para a página ficar completa?

Ilustrações: Ilustra Cartoon/Arquivo da editora

8 − 2 = 6

Faltam 6 figurinhas para completar a página.

Ideia de comparar

QUANTO A MAIS?

Juca tem 13 bolinhas de gude. Luís tem 11. Quantas bolinhas Juca tem a mais que Luís?

13 − 11 = 2

Juca tem 2 figurinhas a mais que Luís.

Veja agora um cálculo de subtração no quadro de ordens e no modo prático:

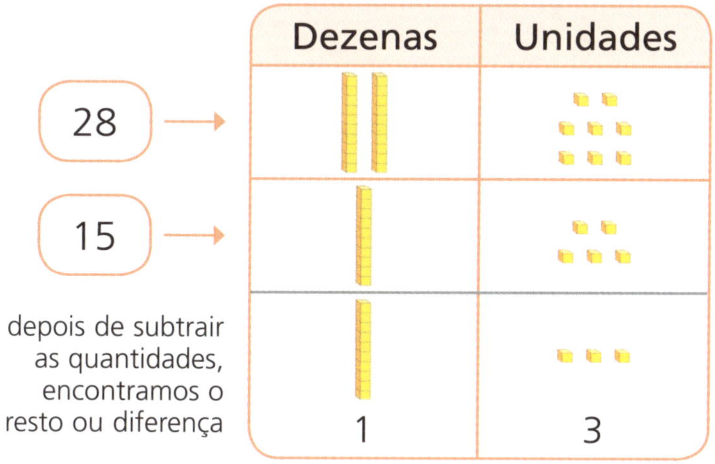

D	U
2	8
–1	5
1	3

$$\begin{array}{r} 2\ 8 \\ -\ 1\ 5 \\ \hline 1\ 3 \end{array}$$

28 – minuendo
15 – subtraendo
13 – diferença

Numa subtração, ao armar a operação na vertical, as unidades devem ficar embaixo das unidades, as dezenas embaixo das dezenas, as centenas embaixo das centenas.

Para fazer a operação, subtraia unidades de unidades, dezenas de dezenas e centenas de centenas.

Veja os exemplos:

7 − 5

C	D	U
		7
−		5
		2

26 − 15

C	D	U
	2	6
−	1	5
	1	1

248 − 136

C	D	U
2	4	8
−1	3	6
1	1	2

Agora é a sua vez de testar conhecimentos. Calcule mentalmente e escreva os resultados.

Celig/Shutterstock/Glow Images

60 − 40 = ...

65 − 40 = ...

25 − 10 = ...

86 − 36 = ...

58 − 8 = ...

47 − 7 = ...

59 − 30 = ...

Atividades

1 Observe no gráfico os pontos marcados na gincana pelas turmas de 3º ano de um colégio.

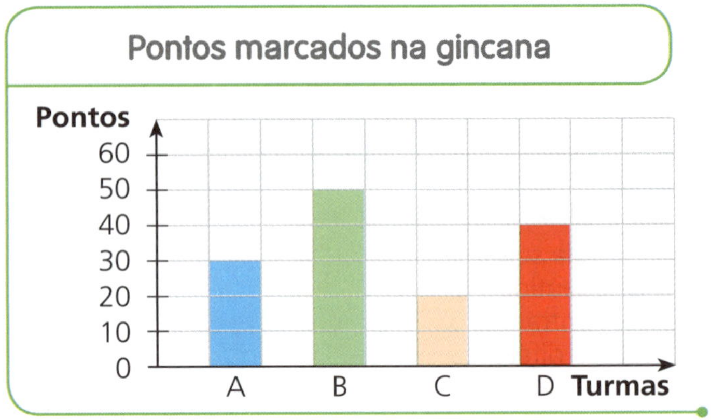

- Responda às perguntas.

  a) Que turma venceu a gincana? ....

  b) Que turma marcou menos pontos? ....

  c) Quantos pontos a turma **B** marcou a mais que a turma **C**?

  ....

  d) Quantos pontos faltaram para a turma **D** empatar com a vencedora? ....

2 Tábata quer comprar uma boneca para sua filha. Pesquisou o preço em três lojas diferentes.

Ilustra Cartoon/Arquivo da editora

- Responda às questões.

  a) Que loja oferece o melhor preço? ....

  b) Tábata comprou a boneca na loja **B**, porque na loja **C** já havia acabado. Se comprasse na loja **A**, quanto pagaria a mais pela boneca? ....

  c) Se, em vez de comprar na loja **B**, ela tivesse comprado a boneca na loja **C**, quanto teria economizado? ....

Subtração (com reagrupamento)

Sara tinha 45 chaveiros em sua coleção. Deu 17 a seu primo. Com quantos chaveiros Sara ficou?

$$45 - 17 = \boxed{28}$$

chaveiros

Observe a seguir como Sara fez a subtração usando o material dourado.

45	4 D + 5 U
17	1 D + 7 U

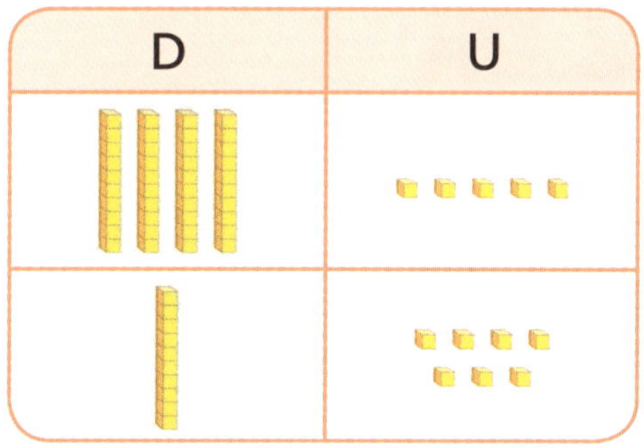

Ilustra Cartoon/Arquivo da editora

Veja como fazer a subtração de maneira prática.

D	U
4	5
− 1	7
	?

→

D	U
−1 4	10 5
− 1	7

→

D	U
3	15
− 1	7
2	8

$$\begin{array}{r} \overset{3}{\cancel{4}}\,\overset{1}{5} \\ -\ 1\ 7 \\ \hline 2\ 8 \end{array}$$

Agora, veja como Sara fez a subtração 965 – 494 :

C	D	U
9	6	5
– 4	9	4
	?	

$5 - 4 = 1$

C	D	U
–1 9	10 6	5
– 4	9	4
		1

C	D	U
8	16	5
– 4	9	4
4	7	1

Ilustrações: Ilustra Cartoon/Arquivo da editora

Atividades

1 Faça as trocas necessárias e efetue as subtrações.

C	D	U
	8	5
−	1	9

C	D	U
3	7	6
−	4	8

C	D	U
5	9	5
− 1	3	7

C	D	U
4	6	5
− 2	8	3

C	D	U
6	3	9
− 3	6	5

C	D	U
7	0	5
− 4	8	3

2 Qual é o balão de Eduardo? Faça as subtrações e siga as pistas para descobrir.

Ilustra Cartoon/Arquivo da editora

a) O número do balão de Eduardo é maior que 200.

b) O número está entre 250 e 350.

c) O algarismo da ordem das dezenas é 8.

MEU BALÃO É O

DE NÚMERO ....

michaeljung/Shutterstock/Glow Images

3 Vamos ver quem conseguirá levar Diana até a cesta resolvendo as subtrações corretamente? O professor vai estabelecer o tempo.

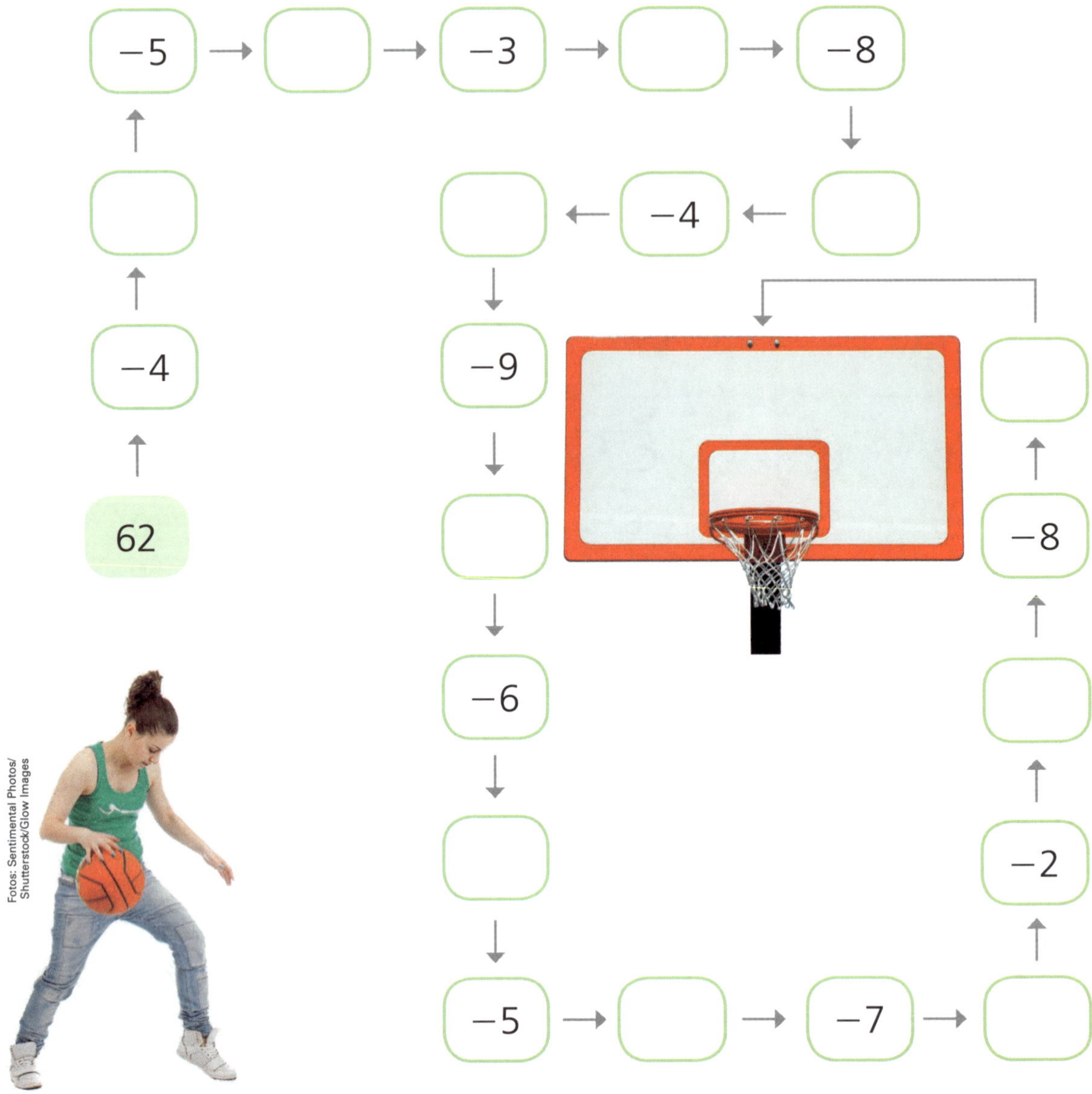

Fotos: Sentimental Photos/ Shutterstock/Glow Images

Se terminar antes do tempo, levante o braço.

4 Arme e efetue as subtrações no caderno, depois complete com as respostas.

a) 185 − 65 = ...

b) 70 − 8 = ...

c) 826 − 419 = ...

d) 807 − 636 = ...

e) 240 − 130 = ...

f) 421 − 265 = ...

g) 952 − 90 = ...

h) 700 − 226 = ...

Ler, refletir e resolver

1. Gabriela comprou um tênis por R$ 90,00 e um relógio por R$ 70,00. Pagou com 4 cédulas de 50 reais. Quanto recebeu de troco?

2. Daniela comprou um rádio e uma bicicleta por R$ 355,00. O rádio custou R$ 150,00. Quanto custou a bicicleta?

3. No estacionamento de um supermercado, havia 285 carros. Na primeira hora, saíram 123 e chegaram 85. Quantos carros permaneceram estacionados?

4. Reginaldo tem em sua biblioteca 574 livros. Ele vai doar 232 para a escola onde estuda. Quantos livros ficarão na biblioteca de Reginaldo?

Matemática e diversão

Mensagem codificada

Felipe, um menino de 8 anos, mora numa cidade onde há uma plantação em que se usam muitos agrotóxicos. Isso está prejudicando a saúde de toda a população, pois os agrotóxicos liberam substâncias tóxicas no ambiente. A prefeitura colabora com a empresa agrícola ao esconder essa informação.

Inconformado com a situação, Felipe escreveu uma carta para um grande jornal da região. Para evitar que alguém da cidade descobrisse o que estava escrito nela e destruísse a mensagem, ele criou um código: cada letra pode ser descoberta por meio de uma adição ou uma subtração. O resultado da adição ou da subtração corresponde à posição de uma letra no alfabeto. Por exemplo: para a adição 2 + 3 a soma é 5, o que nos leva à 5ª letra do alfabeto (a letra E).

Continue a decodificar uma parte da mensagem que está na página a seguir e descubra o que Felipe queria informar ao jornal. Antes, preencha, com a ajuda do professor, o quadro a seguir em que há a correspondência entre o alfabeto e os números.

1 = A	2 = B	3 = C	4 = ...
5 = ...	6 = ...	7 = ...	8 = H
9 = ...	10 = J	11 = ...	12 = ...
13 = M	14 = ...	15 = ...	16 = ...
17 = Q	18 = R	19 = ...	20 = ...
21 = U	22 = ...	23 = ...	24 = X
25 = ...	26 = Z		

Veja a mensagem codificada de Felipe para o jornal:

99 − 98 = ... → ◯	76 − 63 = ... → ◯
3 + 4 = ... → ◯	10 − 9 = ... → ◯
9 + 9 = ... → ◯	60 − 48 = ... → ◯
12 + 3 = ... → ◯	42 − 37 = ... → ◯
97 − 77 = ... → ◯	20 − 1 = ... → ◯
84 − 69 = ... → ◯	
9 + 15 = ... → ◯	63 − 60 = ... → ◯
64 − 55 = ... → ◯	2 + 13 = ... → ◯
30 − 27 = ... → ◯	7 + 6 = ... → ◯
66 − 51 = ... → ◯	25 − 10 = ... → ◯
8 + 11 = ... → ◯	
	15 + 0 = ... → ◯
37 − 34 = ... → ◯	
1 + 0 = ... → ◯	81 − 78 = ... → ◯
88 − 67 = ... → ◯	43 − 42 = ... → ◯
65 − 46 = ... → ◯	87 − 73 = ... → ◯
2 − 1 = ... → ◯	49 − 46 = ... → ◯
55 − 42 = ... → ◯	19 − 14 = ... → ◯
	66 − 48 = ... → ◯

- Faça as operações no caderno e descubra o que está escrito.
- O que será que aconteceu com a mensagem de Felipe? Será que o jornal publicou a sua carta? A prefeitura tomou alguma atitude para resolver o problema? Escreva um final para essa história.

Prova real da adição e da subtração

É possível usar a adição para conferir o resultado de uma subtração. E usar a subtração para conferir o resultado da adição.

Ilustrações: Ilustra Cartoon/Arquivo da editora

	C	D	U	
	2	4	3	minuendo
−	1	2	1	subtraendo
	1	2	2	resto ou diferença

	C	D	U	
	1	2	2	parcela
+	1	2	1	parcela
	2	4	3	soma ou total

C	D	U
2	5	6
+1	3	3
3	8	9

ou

C	D	U
3	8	9
−2	5	6
1	3	3

ou

C	D	U
3	8	9
−1	3	3
2	5	6

Agora, é a sua vez! Efetue as operações e depois use a operação inversa para conferir os resultados.

$$\begin{array}{r} 426 \\ +\,135 \\ \hline \end{array}$$

$$\begin{array}{r} 123 \\ +\,234 \\ \hline \end{array}$$

$$\begin{array}{r} 248 \\ -\,136 \\ \hline \end{array}$$

$$\begin{array}{r} 325 \\ -\,118 \\ \hline \end{array}$$

Matemática e diversão

Conhecendo a calculadora

Everything/Shutterstock/Glow Images

1 Responda oralmente:

Você já conhece essa pequena máquina que faz contas bem depressa, não é?

Você já viu alguém usando calculadora? Em que situação?

Imagine que você aperte estas teclas da calculadora:

9 + 3 =

O que vai aparecer no visor?

Aponte com o dedo, na calculadora acima, qual tecla liga a máquina e depois qual tecla a desliga.

2 Pegue uma calculadora, pressione as teclas indicadas e complete o quadro abaixo com o número que aparece no visor. Os resultados obtidos só deverão ser apagados quando o quadro estiver preenchido.

Teclas pressionadas	Resultado obtido no visor
1 0 0 =	
+ 1 0 0 =	
+ 1 0 0 =	
+ 1 0 0 =	
+ 1 0 0 =	
+ 1 0 0 =	

Ideias em ação

Brincando de compra e venda

Material necessário

- tesoura sem pontas
- cola
- folha do **Caderno de ideias em ação**

Nesta Unidade você estudou o sistema monetário brasileiro. Agora, você vai recortar as cédulas e as moedas do **Caderno de ideias em ação** e aplicá-las nas imagens desta página, conforme o preço que você ache que elas valham.

Andrey Osipets/Shutterstock/Glow Images

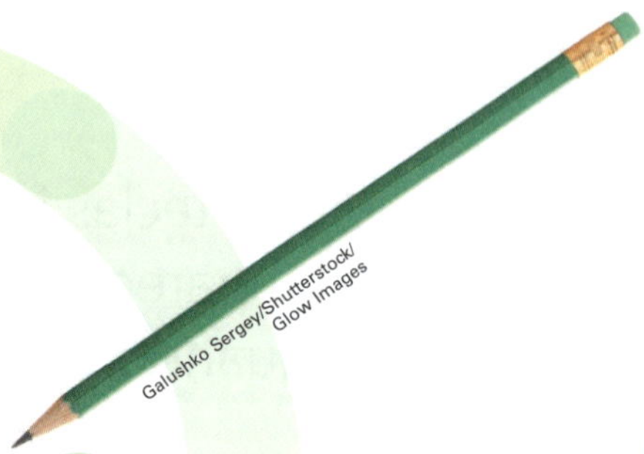

Galushko Sergey/Shutterstock/Glow Images

Reprodução/Editora Panini Comics

LightSecond/Shutterstock/Glow Images

Vereshchagin Dmitry/Shutterstock/Glow Images

Nika Novak/Shutterstock/Glow Images

Alias Studiot Oy/Shutterstock/Glow Images

Paket/Shutterstock/Glow Images

- Se o dinheiro que você tem não for suficiente para tudo, escolha o que você prefere comprar.
- Compare os preços que você atribuiu a cada objeto com os de um colega.
- Retire as cédulas e as moedas que você aplicou nos objetos da página anterior.
- Agora, você vai efetuar operações de compra e venda com os colegas da classe utilizando esses objetos.
- Veja quem quer comprar, por exemplo, o seu cofrinho de porquinho. Faça um preço justo que interesse ao colega. Receba o pagamento e dê o troco.
- Inicialmente, veja quanto cada aluno tinha em dinheiro e conte quanto era o total da classe.
- Depois das compras, o total em dinheiro da classe tem de permanecer o mesmo, certo?

Ilustra Cartoon/Arquivo da editora

Para conferir, adicione os valores de cada aluno. Se não der certo, refaça os cálculos.

UNIDADE 3

Geometria e operações com números naturais

Vamos conversar?

- Você entendeu o que as crianças estão fazendo?
- O que representa esta construção?
- Quando ficar pronta, como serão as formas e as medidas?
- Para fazer a maquete as crianças estão usando caixas vazias de diferentes formatos. As caixas do prédio à direita da escola têm a forma de qual figura geométrica?

O que vou estudar?

- Figuras geométricas
- Operações com números naturais

Escola

Capítulo 6
Figuras geométricas

Observe estes objetos:

Ilustra Cartoon/Arquivo da editora

Que formas geométricas eles lembram?

Noção de polígono

Alguns objetos de nosso dia a dia lembram formas geométricas.

Continue a ligar os pontos seguindo a ordem alfabética. Use uma régua.

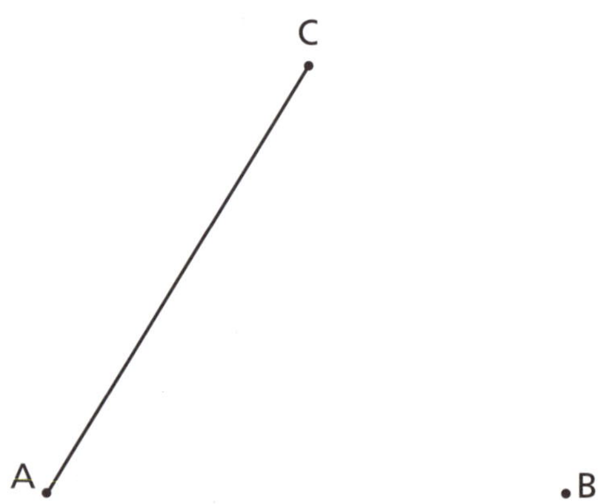

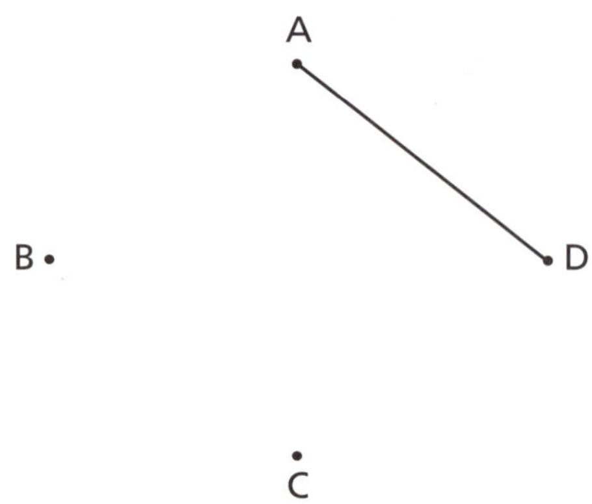

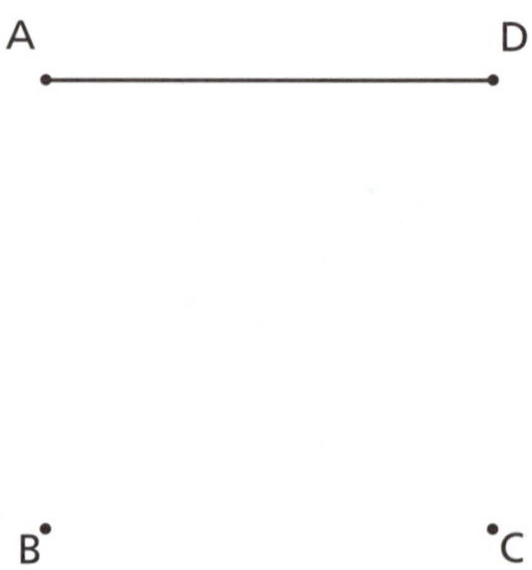

As figuras que você desenhou são chamadas **polígonos**.

Os pontos **A**, **B**, **C** e **D** são os vértices dos polígonos.

Os polígonos recebem classificações diferentes de acordo com o número de lados.

Triângulos: polígonos de 3 lados.

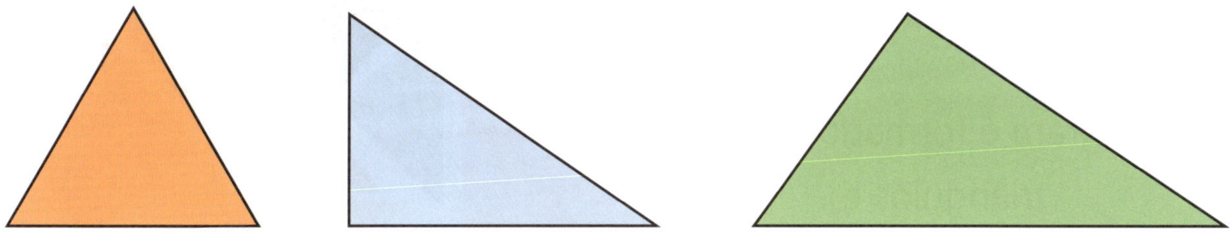

Quadriláteros: polígonos de 4 lados.

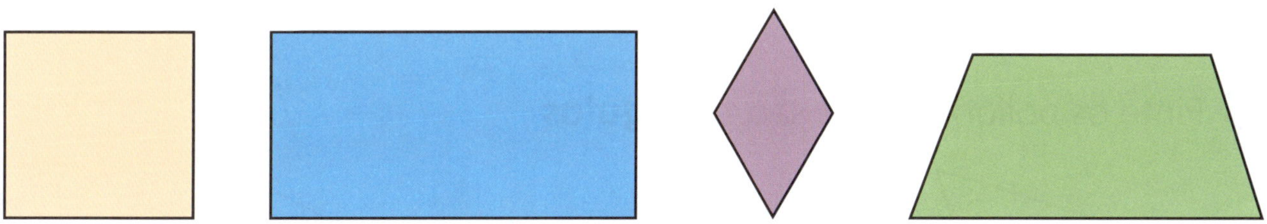

quadrado — retângulo — losango — trapézio

Circunferência e círculo

Veja esta moeda:

Casa da Moeda do Brasil/ Arquivo da editora

Traçando seu contorno, temos:

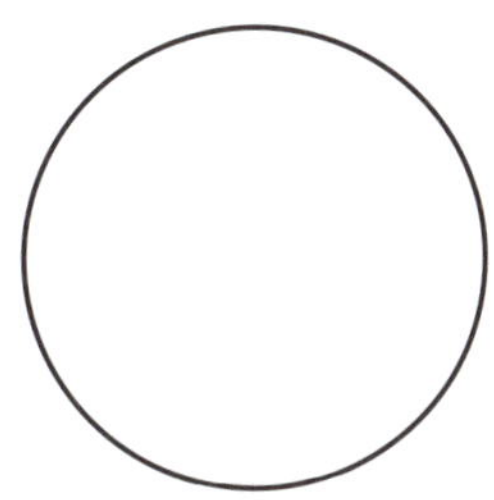

Esse contorno forma a **linha fechada simples** chamada **circunferência**.

A circunferência e sua região interior formam o **círculo**.

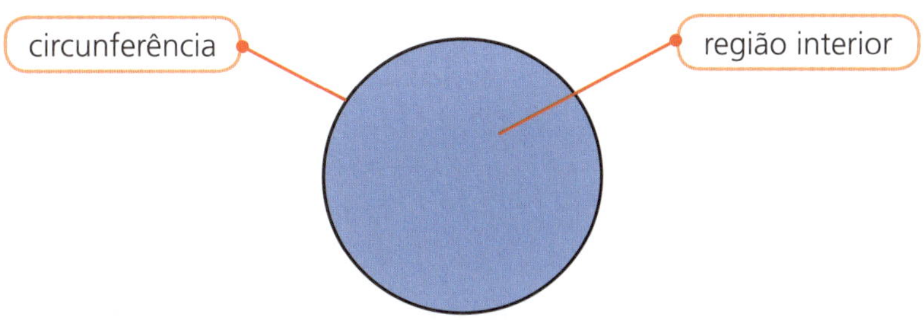

Atividades

1 O tangram é um quebra-cabeça formado por 7 figuras geométricas planas. Observe-o e complete a frase.

O tangram é formado por

.... triângulos e

2 quadriláteros:

1 .... e 1 paralelogramo.

Peças do tangram.

2 Pinte os polígonos que são **triângulos**.

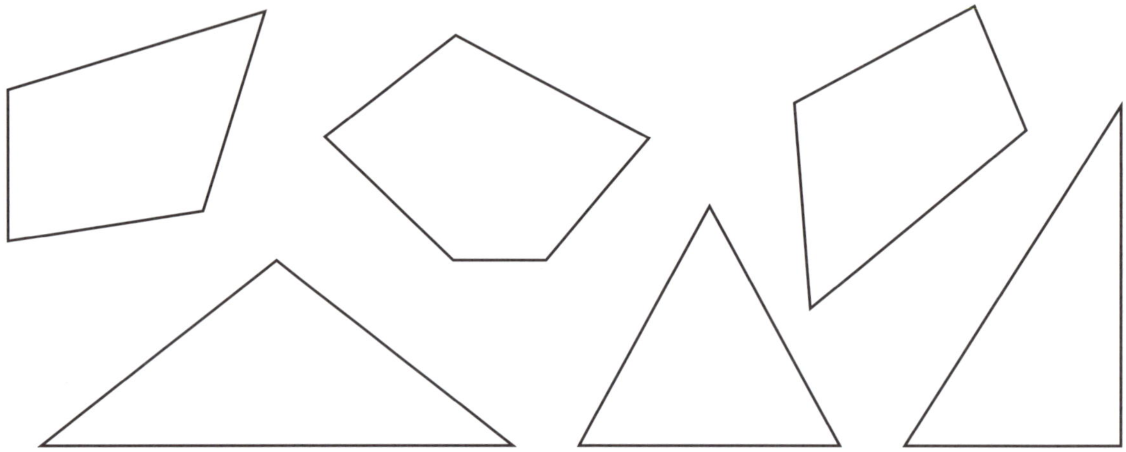

3 A única bandeira nacional que não tem a forma de um quadrilátero é a do Nepal, um país que fica na Ásia. Observe-a:

- A bandeira do Nepal é formada por um polígono de .... lados chamado ....

Almanaque Abril 2005

4 Onde estão as figuras?

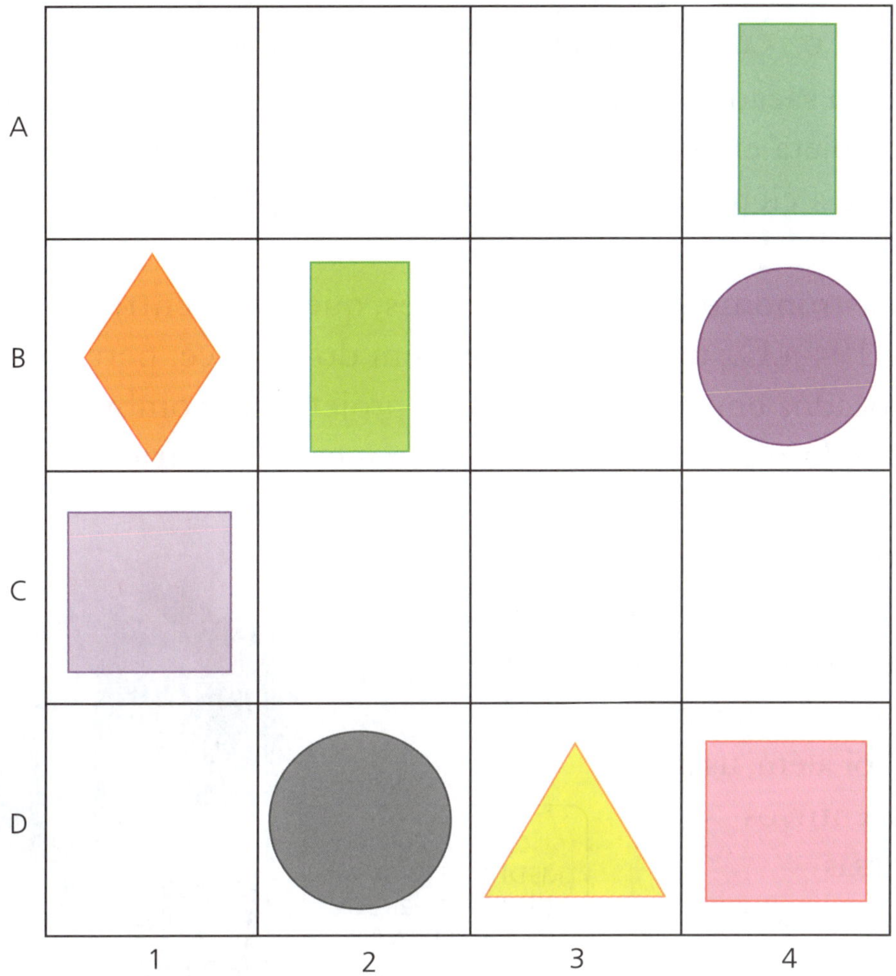

a) Em (2B) temos um retângulo. O outro está em ....

b) O retângulo tem .... lados e .... vértices.

c) Em (3D) temos um .... Desenhe outro triângulo em (2A).

d) O triângulo tem .... lados e .... vértices.

e) Em (2D) temos um .... O outro está em ....

f) Em (1C) temos um quadrado. O outro está em ....

g) Em (1B) temos um losango. Desenhe outro losango em (3C).

h) O retângulo e o losango têm .... lados e .... vértices.

Saiba mais

Como os gregos calcularam a circunferência da Terra há 2 200 anos?

Com uma sacada tão simples quanto genial: medindo a sombra que o Sol projeta em postes. Tudo numa época em que o senso comum reinava sobre a ciência, e nada era mais óbvio que pensar que a Terra era plana.

Mas o astrônomo grego Eratóstenes, que viveu entre 276 a.C. e 194 a.C., teve uma visão além do alcance: percebeu que postes colocados em cidades distantes projetavam sombras diferentes ao meio-dia. Isso só podia acontecer no mesmo horário se um lugar estivesse mais inclinado em relação ao Sol do que outro.

Então a superfície da Terra, pensou Eratóstenes, só poderia mesmo ser curva, como a de uma bola. Bingo! E o grego foi além, usando a diferença entre os ângulos dessas sombras para medir a circunferência do planeta.

Ilustra Cartoon/Arquivo da editora

O jeito era pegar um poste para medir a sombra do meio-dia em um lugar e, depois, levar o mesmo pedaço de pau a uma cidade bem distante – para que a curvatura do planeta ficasse evidente. Aí, era só esperar o Sol ficar a pino, fincar o poste lá e anotar o ângulo da sombra que aparecesse. A diferença entre as medidas daria o valor da circunferência da Terra.

Mas Eratóstenes teve que contornar um probleminha: a luz do Sol bate em ângulos diferentes conforme muda a época do ano, ainda que a medida seja tirada no mesmo horário. Então a coisa só daria certo se os ângulos fossem medidos no mesmo dia e hora.

Metódico, o grego fez exatamente isso: anotou o ângulo que a sombra fazia em uma cidade e um ano depois, na mesma data e hora, fez isso em outra, 800 quilômetros ao norte. No final, o resultado para a circunferência da Terra foi surpreendente: mais ou menos 40 mil quilômetros, quase na mosca!

No Equador, o valor real é de 40 075 quilômetros – de norte a sul, como os polos são achatados, é um pouco menos, 40 008 quilômetros.

De qualquer forma, ainda há controvérsia quanto à margem de erro dos cálculos do grego. É que existem versões diferentes sobre quanto vale em metros a unidade grega de medida que ele usou, os chamados “estádios”. Mas, para todos os efeitos, Eratóstenes conseguiu acertar.

Ilustra Cartoon/Arquivo da editora

Disponível em: <mundoestranho.abril.com.br/ciencia/pergunta_286712.shtml>. Acesso em: 30 dez. 2014.

Simetria

Veja o que Laurinha aprendeu na aula de hoje:

Ilustrações: Ilustra Cartoon/Arquivo da editora

Laurinha levou seu trabalho para casa e mostrou a seu irmão.

Ao dobrar a figura dessa flor ao meio, as metades ficaram exatamente uma sobre a outra. Quando isso acontece, dizemos que a figura é simétrica ou que ela apresenta simetria.

A dobra (a linha azul) é o eixo de simetria.

Atividades

1 Nas figuras abaixo há simetria?

Roberto Loffet/Editora Abril

Rubens Chaves

PhotoDisc

PhotoDisc

2 A primeira figura já está com seu eixo de simetria traçado. Com o auxílio de uma régua trace o eixo de simetria das outras.

Ilustrações: Ilustra Cartoon/Arquivo da editora

3 Pinte o quadro de modo que a figura fique simétrica.

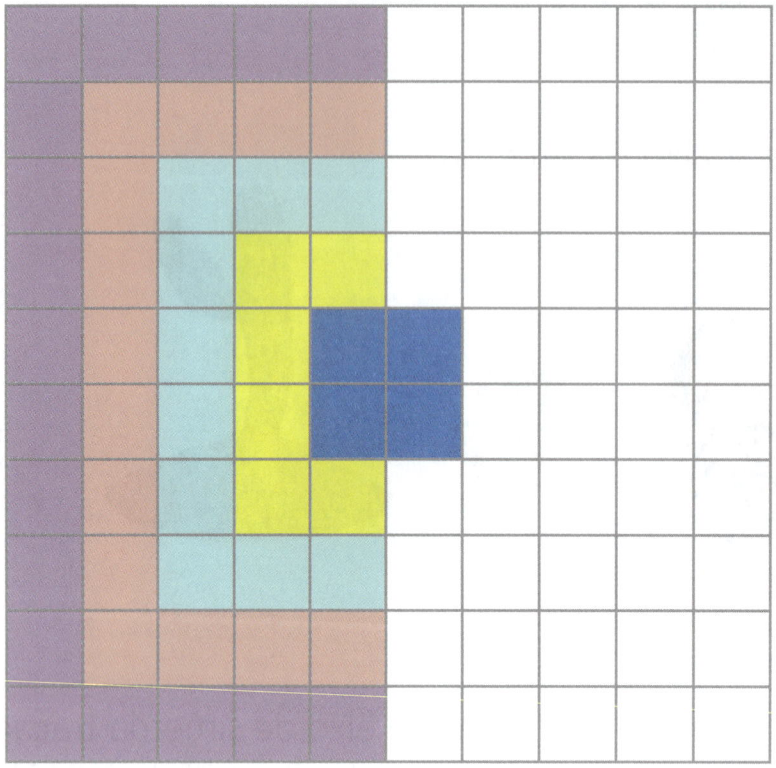

4 Observe o eixo de simetria das figuras abaixo. Desenhe a outra metade de cada uma delas e depois pinte-as.

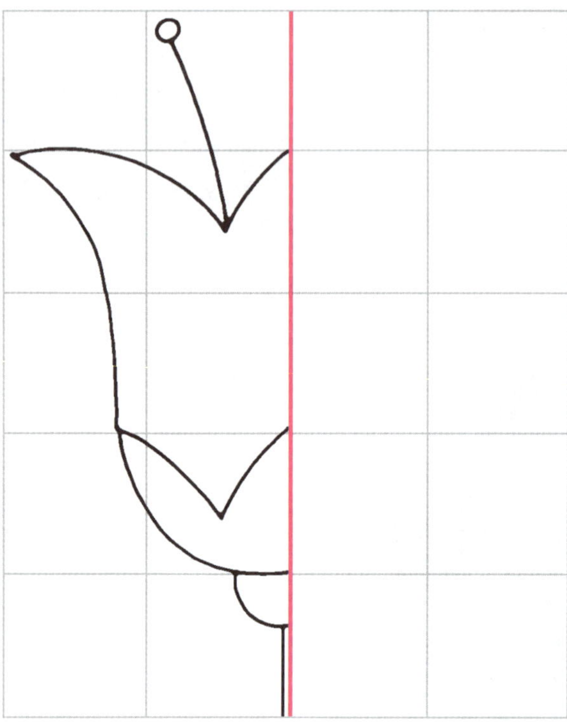

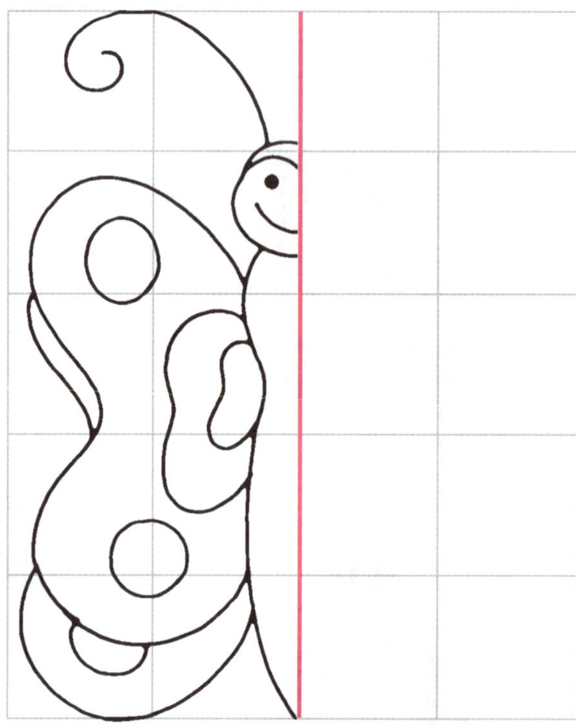

Matemática e diversão

Geometria e arte

Este quadro, chamado **Paisagem brasileira**, foi pintado em 1925 pelo artista Lasar Segall.

Lasar Segall/Museu Lasar Segall, São Paulo.

Paisagem brasileira, óleo sobre tela, 1925.

Que figuras geométricas você reconhece nessa obra de arte?

Você sabe a classificação dessas figuras?

O tema é...

Alimentação saudável

Entre as diversas recomendações do Ministério da Saúde para uma alimentação saudável está o consumo de frutas e legumes. Você já comeu alguma fruta hoje? Qual?

Hannamariah/Shutterstock/Glow Images (melancia), Maks Narodenko/Shutterstock/Glow Images (abacaxi), Preto Perola/Shutterstock/Glow Images (maçã), Africa Studio/Shutterstock/Glow Images (laranja), mama_mia/Shutterstock/Glow Images (mamão), Nattika/Shutterstock/Glow Images (tangerina)

Com as informações do quadro você pode calcular o número de calorias de algumas frutas por porções:

Alimentos	1 porção (equivale a 70 kcal)
Abacaxi	1 fatia
Ameixa-preta seca	3 unidades
Banana-prata	1 unidade
Caqui	1 unidade
Goiaba	1 unidade
Laranja-pera	1 unidade
Maçã	1 unidade
Mamão papaia	1 unidade
Melancia	2 fatias
Salada de frutas (banana, maçã, laranja, mamão)	1 xícara de chá
Suco de laranja (puro)	1 copo de requeijão
Tangerina/mexerica	1 unidade
Uva comum	22 uvas

Frutas – consuma três porções ao dia

Disponível em: <http://bvsms.saude.gov.br/bvs/publicacoes/guia_alimentar_alimentacao_saudavel.pdf>. Acesso em: 15 dez. 14.

Converse com a classe:

- Que frutas são mais facilmente encontradas em sua região?
- Quais as frutas de sua preferência?
- Quais os horários que você costuma ingeri-las?

Consulte o quadro e responda: qual é a fruta menos calórica? Como você pode concluir isso?

Os valores de calorias de cada porção são dados em kcal, isto é, quilocalorias ou mil calorias. De todo modo, vamos trabalhar em kcal. Por exemplo, 1 fatia de abacaxi e 3 unidades de ameixa-seca contêm
70 kcal + 70 kcal = 140 kcal.

Agora você calcula o número de calorias:

BrazilPhotos/ Shutterstock/ Glow Images

4 unidades de goiaba

DenisNata/ Shutterstock/ Glow Images

matin/ Shutterstock/ Glow Images

1 banana-prata e 2 caquis

Hannamariah/ Shutterstock/ Glow Images

5 fatias de melancia

nicobatista/ Shutterstock/ Glow Images

9 unidades de ameixa-seca

Componha porções de frutas que tenham os seguintes valores calóricos:

140 kcal 700 kcal 420 kcal 210 kcal

Capítulo 7

Operações com números naturais

OED

Multiplicação

Leia a história em quadrinhos.

Onde estão as multiplicações?, de Luzia Faraco Ramos. São Paulo: Ática.

Você já aprendeu que uma das ideias da multiplicação é juntar quantidades iguais.

No dia a dia, é possível perceber várias situações que envolvem multiplicação.

Por exemplo, dona Bárbara comprou 5 cartelas com 6 botões em cada uma delas. Como fazer para calcular quantos botões ela comprou?

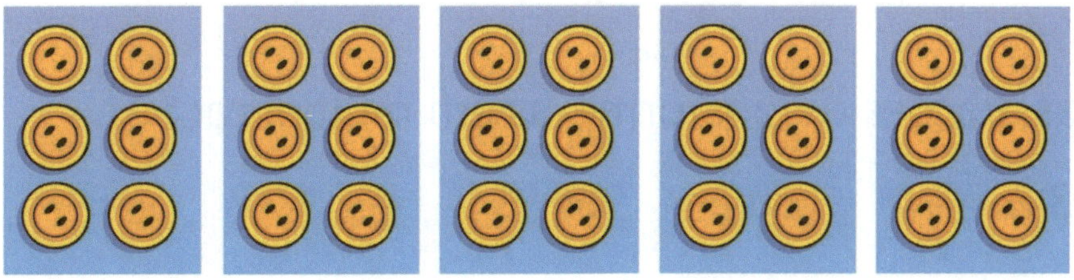

Ilustra Cartoon/Arquivo da editora

$$6 + 6 + 6 + 6 + 6 = 30$$

Nessa adição, as parcelas são iguais. Uma adição de parcelas iguais pode ser transformada em **multiplicação**:

$$5 \times 6 = 30$$

Toda adição de parcelas iguais pode ser representada por uma multiplicação.

$4 + 4 + 4 = 12$ → $3 \times 4 = 12$

A multiplicação é indicada pelo sinal ×, que quer dizer **vezes**.

Os termos da multiplicação são:

4	multiplicando	fatores
× 3	multiplicador	fatores
12	produto	

O **multiplicando** indica a quantidade que vai ser repetida, isto é, a parcela que se repete.

O **multiplicador** indica quantas vezes a quantidade vai ser repetida, isto é, o número de vezes que a parcela se repete.

O **produto** é o resultado da multiplicação.

O multiplicando e o multiplicador são chamados **fatores da multiplicação**.

Atividades

1 Efetue as adições e transforme-as em multiplicações.

a) 3 + 3 = ... ou .... × .... = ...

b) 5 + 5 + 5 = ... ou .... × .... = ...

c) 7 + 7 + 7 + 7 = ... ou .... × .... = ...

d) 4 + 4 + 4 + 4 + 4 + 4 = ... ou .... × .... = ...

e) 8 + 8 + 8 + 8 + 8 = ... ou .... × .... = ...

f) 9 + 9 + 9 + 9 = ... ou .... × .... = ...

2 Observe os desenhos e escreva as adições e as multiplicações correspondentes.

Maksim Toome/Shutterstock/GlowImages

.... + ... + ... = ...

ou .... × .... = ...

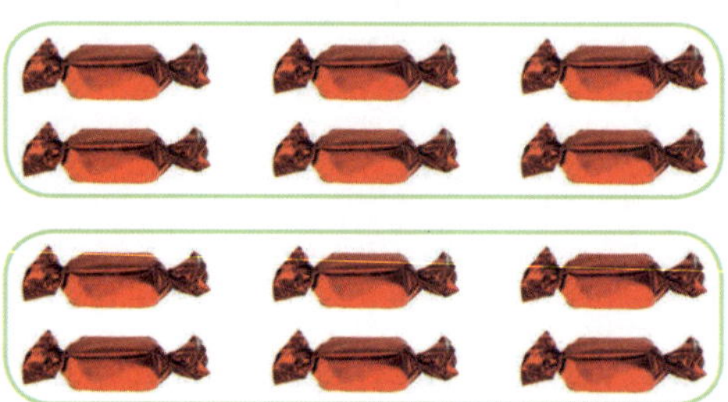

Renata Osinska/Shutterstock/GlowImages

.... + ... = ...

ou .... × .... = ...

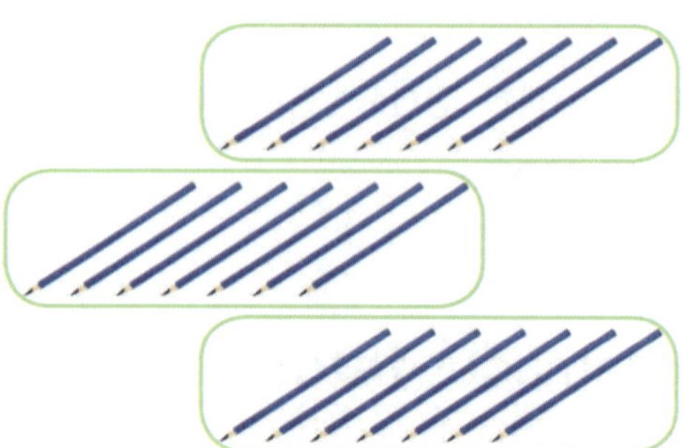

Aleksandr Bryliaev/Shutterstock/GlowImages

.... + ... + ... = ...

ou .... × .... = ...

3 Com a ajuda de amigos, Adelaide conseguiu encontrar alguns exemplos de multiplicação em seu dia a dia e preparou o estande para a feira de Matemática com o maior capricho. Veja como ficou.

Onde estão as multiplicações?, de Luzia Faraco Ramos. São Paulo: Ática.

a) Escreva em forma de adição as multiplicações que aparecem no estande de Adelaide.

$3 \times 3 = 9$ ⟶ ....

$4 \times 1 = 4$ ⟶ ....

$5 \times 2 = 10$ ⟶ ....

$3 \times 6 = 18$ ⟶ ....

b) Agora, que tal você desenhar um estande com outros exemplos de multiplicações?

Multiplicação: organização retangular

Na sala de aula de Fabrício, há 4 fileiras com 6 carteiras em cada uma delas. Quantas carteiras há na sala de aula?

$$6 + 6 + 6 + 6 = 24$$

ou

$$4 \times 6 = 24$$

Ilustrações: Ilustra Cartoon/Arquivo da editora

Há 24 carteiras na sala de aula.

Ordem dos fatores na multiplicação

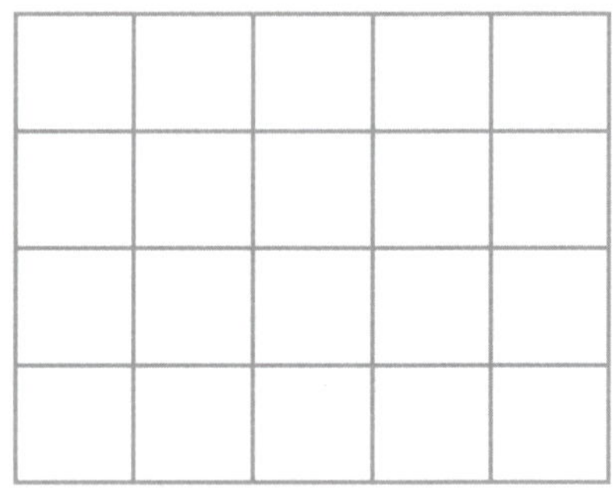

A professora pediu à classe que usasse a multiplicação para descobrir o número de quadradinhos da figura.

Juca e Mônica mostraram suas multiplicações para a classe:

$5 \times 4 = 20$ $4 \times 5 = 20$

Os colegas observaram que a ordem das fileiras (fatores) foi trocada, mas o resultado continuou o mesmo (20 quadradinhos). Perceberam, assim, que **a ordem dos fatores não altera o produto**.

Atividades

1 Complete e escreva a multiplicação adequada.

a) Quantas janelas há no prédio?

Ilustrações: Ilustra Cartoon/Arquivo da editora

.... andares

.... janelas por andar

.... × .... = ...

Há .... janelas no prédio.

b) Quantos bombons há na caixa?

.... fileiras

.... bombons por fileira

.... × .... = ...

Há .... bombons na caixa.

c) Quantos alunos há na classe?

.... fileiras

.... alunos por fileira

.... × .... = ...

Há .... alunos na classe.

2 Escreva uma multiplicação para cada figura.

.... × .... = ...

.... × .... = ...

3 Descubra o número de quadradinhos de cada figura usando uma multiplicação.

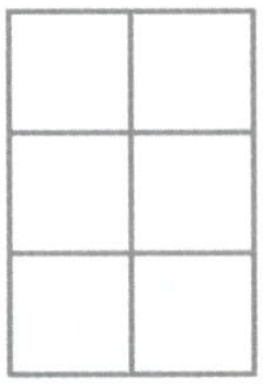

.... × .... = ...

ou

.... × .... = ...

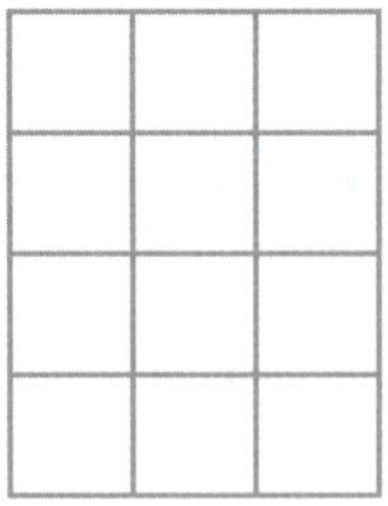

.... × .... = ...

ou

.... × .... = ...

4 Quantas figuras há em cada quadro? Calcule escrevendo as duas multiplicações correspondentes.

Ilustrações: Ilustra Cartoon/Arquivo da editora

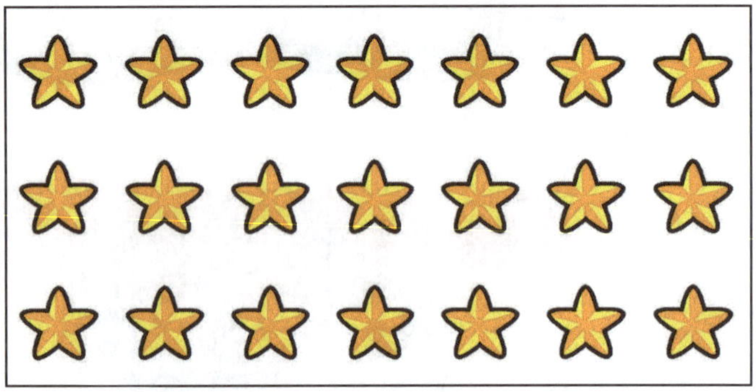

.... × .... = ...

ou

.... × .... = ...

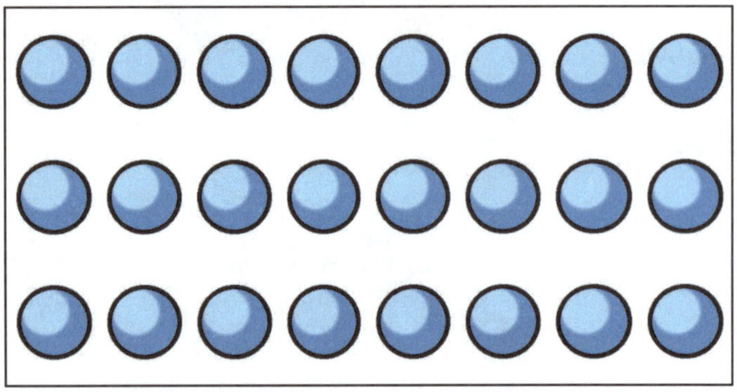

.... × .... = ...

ou

.... × .... = ...

5 Pinte os quadradinhos de acordo com a multiplicação indicada.

8 × 4

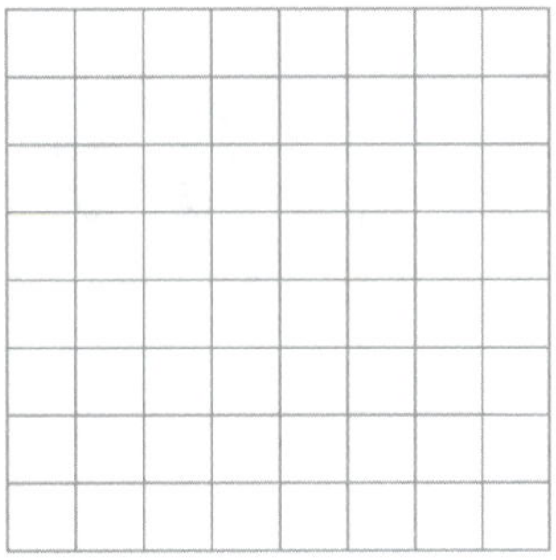

5 × 6

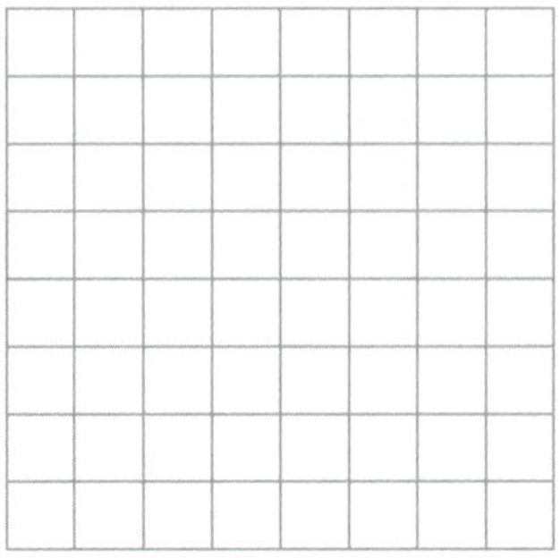

3 × 5

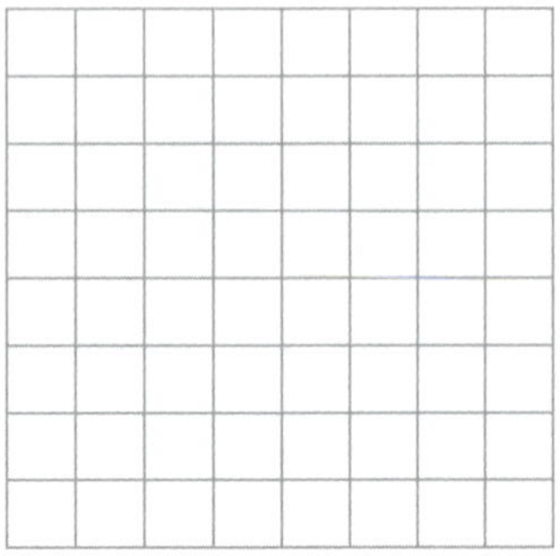

6 Escreva uma multiplicação para indicar o número de quadradinhos de cada cor.

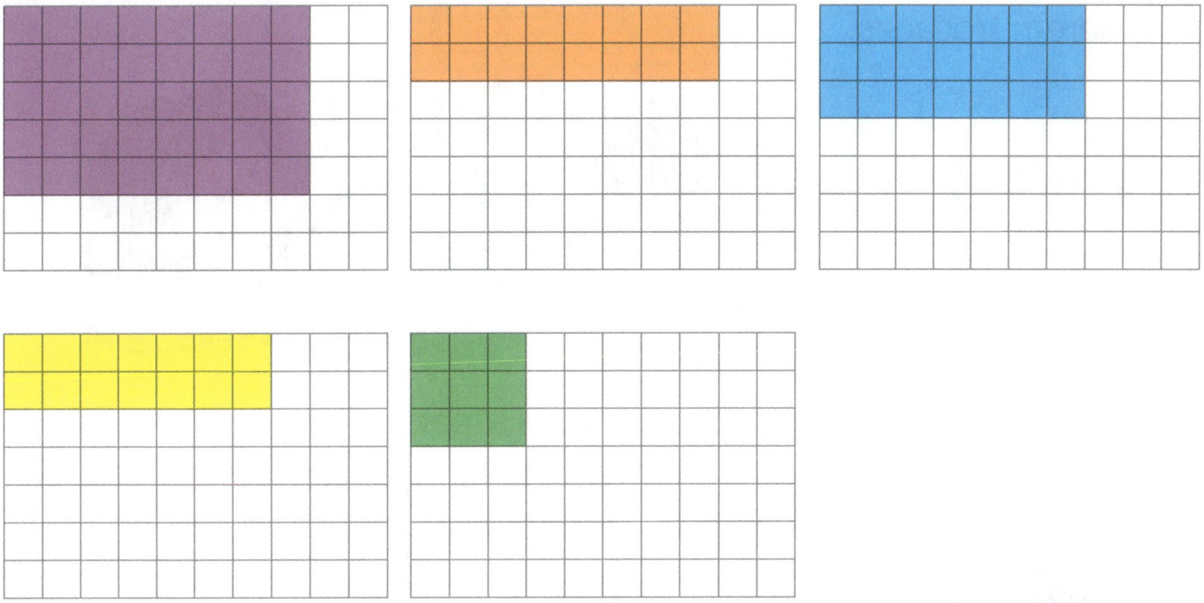

■ .... ■ .... ■ ....

■ .... ■ ....

7 Desafio! Quantos quadradinhos foram apagados? Mostre como você descobriu.

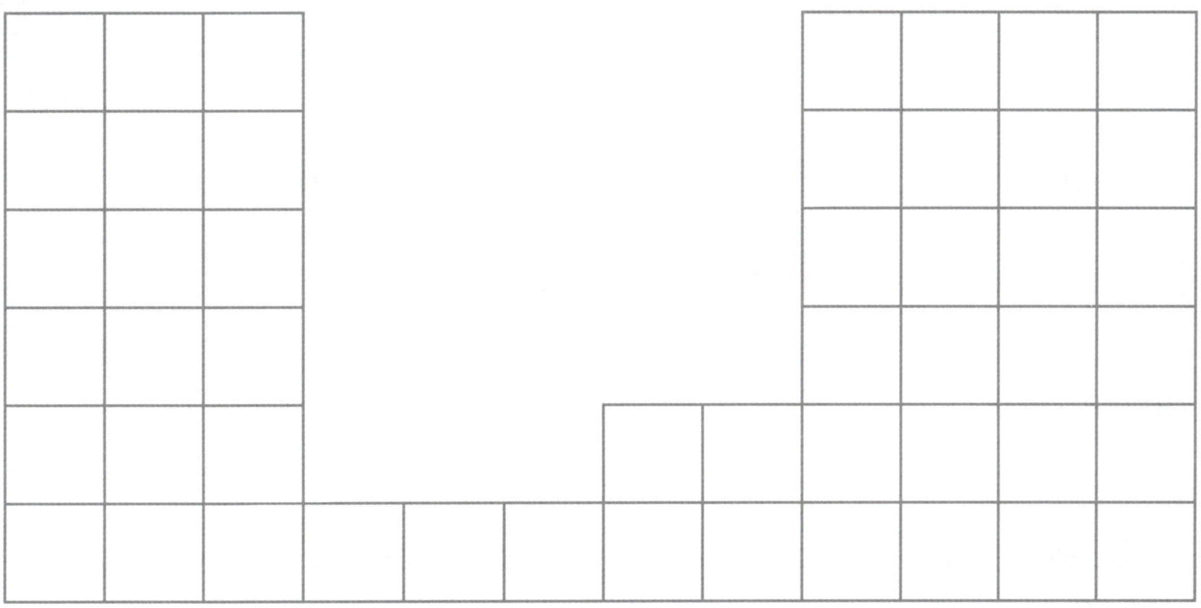

....

Multiplicação: ideia combinatória

Regiane ganhou uma boneca que vem com uma cartela de roupas para serem trocadas.

No total, a boneca tem 2 peças para a parte de baixo (uma saia e uma calça) e 3 peças para a parte de cima (três camisetas). Veja de quantas maneiras Regiane vestiu sua boneca:

Ilustrações: Ilustra Cartoon/Arquivo da editora

$$2 \times 3 = 6$$

Regiane vestiu sua boneca de 6 maneiras diferentes.

O zero e o 1 na multiplicação

Qualquer que seja o número multiplicado por zero, o produto será igual a **zero**.

$3 \times 0 = 0$ $\quad$ $4 \times 0 = 0$ $\quad$ $5 \times 0 = 0$

Qualquer que seja o número multiplicado por 1, o produto será o próprio número.

$2 \times 1 = 2$ $\quad$ $4 \times 1 = 4$ $\quad$ $5 \times 1 = 5$

Atividades

1 Observe as roupas no guarda-roupa de Samira.

Ilustra Cartoon/Arquivo da editora

- Complete o quadro abaixo com todas as combinações possíveis que Samira poderá fazer com essas peças de roupa.

Peças	Blusa verde	Blusa amarela	Blusa rosa	Blusa azul
Saia	blusa verde e saia			
Bermuda	blusa verde e bermuda			

Samira poderá fazer .... combinações diferentes.

2 O time de futebol da escola em que Gustavo estuda tem 3 calções e 2 camisas diferentes. De quantas maneiras o time poderá se apresentar? Complete o quadro.

Peças	Camisa branca	Camisa azul
Calção branco		
Calção azul		
Calção vermelho		

O time poderá se apresentar de .... maneiras diferentes.

3 Cristiane comprou um estojo de relógios com 3 mostradores e 5 pulseiras diferentes.

Ilustra Cartoon/Arquivo da editora

a) Quantos relógios diferentes Cristiane poderá usar?

....

b) Desenhe 3 combinações diferentes.

Ler, refletir e resolver

1. Ivete colou suas fotos em um álbum. Em cada página, cabem 6 fotografias, e o álbum ficou com 4 páginas completas. Quantas fotos Ivete colou em seu álbum?

.... × .... = ...

ou

.... + ... + ... + ... = ...

....

2. Helena ganhou R$ 5,00 de seu padrinho e Luís ganhou 8 vezes esse valor. Quanto Luís ganhou?

....

....

3. Um edifício tem 4 andares. Em cada andar, há 5 apartamentos. Quantos apartamentos há no edifício?

.... × .... = ...

ou

.... + ... + ... + ... = ...

....

4. Júlio recebeu 6 notas de R$ 5,00 por um trabalho que fez. Quanto ele recebeu?

....

....

Multiplicação (sem reagrupamento)

Em um micro-ônibus cabem 24 passageiros sentados. Quantas pessoas cabem em 2 veículos iguais a esse?

Para resolver esse problema é possível usar:

adição		multiplicação
24 + 24	ou	2 × 24

Acompanhe agora a multiplicação feita usando o quadro de ordens:

D	U
2	4
×	2
4	8

1º Multiplica-se 2 pela unidade: 2 × 4 U = 8 U.

2º Multiplica-se 2 pela dezena: 2 × 2 D = 4 D.

Na prática, multiplica-se a unidade pela unidade e a unidade pela dezena.

$$\begin{array}{r} 2\ 4 \\ \times \quad 2 \\ \hline 4\ 8 \end{array}$$

Portanto, em 2 micro-ônibus cabem 48 pessoas.

Em cada uma destas 3 estantes de uma biblioteca estão guardados 123 livros.

Quantos livros há nessa biblioteca?

Vamos resolver esse problema usando o quadro de ordens:

C	D	U
1	2	3
×		3
3	6	9

1º Multiplica-se 3 pela unidade: 3 × 3 U = 9 U.

2º Multiplica-se 3 pela dezena: 3 × 2 D = 6 D.

3º Multiplica-se 3 pela centena: 3 × 1 C = 3 C.

Na prática:

$$\begin{array}{r} 1\ 2\ 3 \\ \times \quad\quad 3 \\ \hline 3\ 6\ 9 \end{array}$$

Nessa biblioteca há 369 livros.

- Agora é a sua vez de resolver algumas operações:

D	U
4	4
×	2

D	U
3	4
×	2

C	D	U
2	1	2
×		4

C	D	U
2	2	0
×		4

C	D	U
	9	2
×		2

Atividades

1 Reciclar quer dizer transformar algo usado em algo novo.
Veja quantas garrafas de plástico uma fábrica recolheu para reciclar.
Use a multiplicação para encontrar o total de garrafas em cada grupo.

a)  ....

b)  ....

c)  ....

d)  ....

e)  ....

f) 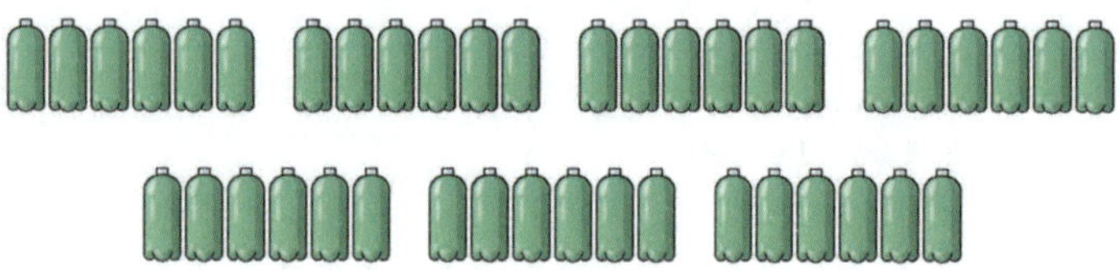 ....

2 Carlinha coleciona tampinhas coloridas de garrafas plásticas. Veja a coleção:

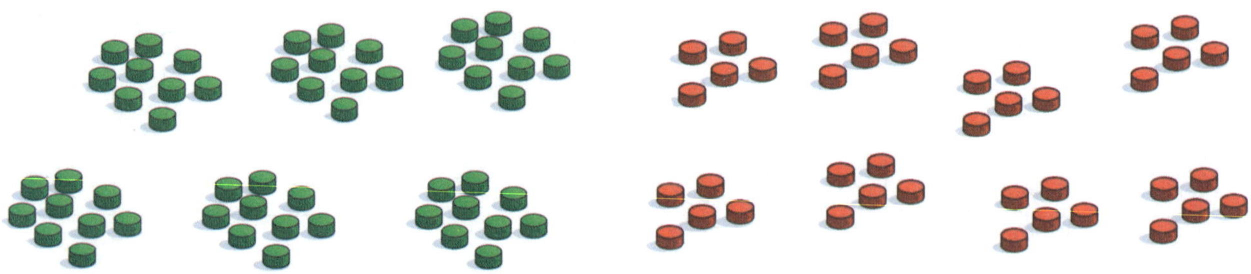

Ilustrações: Ilustra Cartoon/ Arquivo da editora

a) Há quantas tampinhas verdes? ....

b) E quantas tampinhas vermelhas? ....

c) Quantas tampinhas verdes há a mais que vermelhas?

....

Multiplicação (com reagrupamento)

Jairo ganhou 24 pacotes com 3 figurinhas em cada um deles.

Quantas figurinhas Jairo ganhou?

Vamos calcular 3 × 24 usando o quadro de ordens e o modo prático.

D	U
2	4
×	3
	?

$$\begin{array}{rr} & \textbf{D}\ \textbf{U} \\ & 2\ 4 \\ \times & 3 \\ \hline & 1\ 2 \\ + & 6\ 0 \\ \hline & 7\ 2 \end{array}$$

3 × 4 U = 12 U ⟶ 1 D + 2 U

3 × 2 D = 6 D

$$\begin{array}{rr} & 2\ 4 \\ \times & 3 \\ \hline & 7\ 2 \end{array}$$

Jairo ganhou 72 figurinhas.

Ilustrações: Ilustra Cartoon/ Arquivo da editora

Juca vende 126 jornais por dia. Quantos jornais ele vende em 6 dias?

Veja como podemos efetuar a multiplicação 6 × 126.

Decompondo o número 126, temos 126 = 100 + 20 + 6.

6 × 126 = 6 × (100 + 20 + 6) = 6 × 100 + 6 × 20 + 6 × 6 =

= 600 + 120 + 36 = 756

Usando o quadro de ordens e o modo prático:

C	D	U
(1) 1	(3) 2	6
×		6
7	5	6

$$\begin{array}{rr} & {}^{1}\ {}^{3}\ \ \\ & 1\ 2\ 6 \\ \times & 6 \\ \hline & 7\ 5\ 6 \end{array}$$

Juca vende 756 jornais em 6 dias.

Atividades

1 Efetue os cálculos a seguir decompondo os números. Veja o exemplo:

a) 4×12

$4 \times (10 + 2)$

$$\begin{array}{r} 10 + 2 \\ \times \quad\quad 4 \\ \hline 40 + 8 \\ 48 \end{array}$$

b) 3×16

c) 3×15

d) 5×25

2 Calcule o resultado. Multiplique e depois some.

a) $2 \times 12 + 3 \times 8$

☐ + ☐

☐

b) $4 \times 15 + 2 \times 3$

☐ + ☐

☐

c) $3 \times 26 + 4 \times 34$

☐ + ☐

☐

d) $5 \times 2 + 7 \times 3$

☐ + ☐

☐

3 Encontre o resultado das seguintes multiplicações:

$$\begin{array}{r} 3\ 1\ 3 \\ \times \quad\ 5 \\ \hline \end{array} \qquad \begin{array}{r} 1\ 2\ 1 \\ \times \quad\ 7 \\ \hline \end{array} \qquad \begin{array}{r} 4\ 8\ 3 \\ \times \quad\ 2 \\ \hline \end{array}$$

Ler, refletir e resolver

1. Para fazer um doce, Bruno comprou 2 sacos de frutas, com 18 cajus em cada um deles. Quantos cajus ele comprou?

2. Valéria ganhou 5 caixas de bombons. Em cada caixa havia 21 bombons. Quantos bombons ela ganhou?

3. Eduardo comprou 4 livros a R$ 22,00 cada um deles. Deu em pagamento 1 cédula de R$ 50,00 e 4 cédulas de R$ 10,00. Quanto Eduardo recebeu de troco?

4. Na estante de Renato havia 60 livros. Ontem, ele colocou 4 livros novos em cada uma das 8 prateleiras. Quantos livros há agora na estante?

5 Numa quitanda havia 5 caixas com 62 cajás em cada uma delas. Já foram vendidos 200 e 35 estavam estragados. Quantos cajás ainda restam para vender?

....

6 O prédio em que Rosana mora tem 8 andares e 6 apartamentos por andar. O prédio em que Gustavo mora tem 9 andares e 5 apartamentos por andar. Quem mora no prédio com mais apartamentos? Quantos apartamentos esse edifício tem a mais?

....

....

7 Ivan tinha em sua coleção 4 saquinhos com 38 chaveiros em cada um deles. Ele deu 26 chaveiros que estavam repetidos para seu amigo Rogério iniciar uma coleção. Com quantos chaveiros ficou a coleção de Ivan?

....

8 A Escola Azul tem 216 alunos. A Escola Amarela tem 3 vezes essa quantidade. Quantos alunos têm as duas escolas juntas?

....

Multiplicação por 10 e 100

Multiplicando por 10

Monkey Business Images/ingimages/Other Images

$$\begin{array}{r} 10 \\ 10 \\ +\ 10 \\ \hline 30 \end{array}$$

ou

$3 \times 10 = 30$

Para multiplicar por **10**, basta acrescentar **um zero** à direita do número multiplicado. Assim, cada algarismo do número que foi multiplicado assume uma ordem de valor 10 vezes maior.

Multiplicando por 100

$100 + 100 + 100 + 100 = 400$ ou $4 \times 100 = 400$

Para multiplicar por **100**, basta acrescentar **dois zeros** à direita do número multiplicado. Assim, cada algarismo do número que foi multiplicado assume uma ordem de valor 10 vezes maior.

Atividades

1 Efetue.

a) $3 \times 10 =$ ....

b) $45 \times 10 =$ ....

c) $81 \times 10 =$ ....

d) $70 \times 10 =$ ....

e) $8 \times 100 =$ ....

f) $5 \times 100 =$ ....

g) $32 \times 100 =$ ....

h) $18 \times 100 =$ ....

2 Calcule mentalmente.

- Quantos CDs há na estante de Angélica?

  Há .... CDs na estante de Angélica.

3 Descubra quantos tijolos seu Manoel usará para recuperar a parte do muro que caiu.

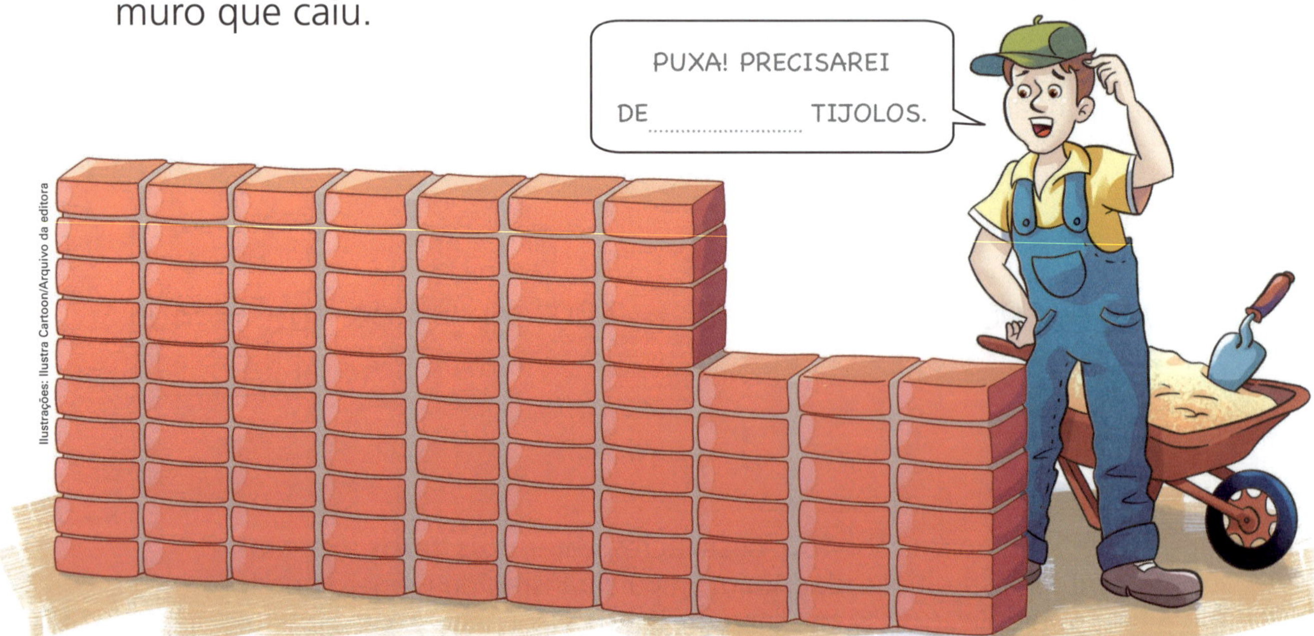

Ilustrações: Ilustra Cartoon/Arquivo da editora

Multiplicação por 20, 30, 40...

Multiplicar por 20 é o mesmo que multiplicar por **2 × 10**.

Para saber quanto é 7 × 20, multiplicamos 7 × 2 = 14.

Quando existe um zero à direita do número, significa que o estamos multiplicando por 10.

$$\begin{array}{r} 7 \\ \times\ 20 \\ \hline 140 \end{array}$$

Assim, multiplicar por 20 é o mesmo que multiplicar por 2 × 10. Multiplicar por 30 é o mesmo que multiplicar por 3 × 10. Por 40 é o mesmo que multiplicar por 4 × 10, e assim sucessivamente.

Outros exemplos:

1

$$\begin{array}{r} 25 \\ \times\ 30 \\ \hline 750 \end{array}$$

2

$$\begin{array}{r} 16 \\ \times\ 40 \\ \hline 640 \end{array}$$

Agora chegou a sua vez de efetuar algumas multiplicações:

$$\begin{array}{r} 32 \\ \times\ 20 \\ \hline \end{array} \quad \begin{array}{r} 26 \\ \times\ 30 \\ \hline \end{array} \quad \begin{array}{r} 17 \\ \times\ 50 \\ \hline \end{array} \quad \begin{array}{r} 18 \\ \times\ 40 \\ \hline \end{array}$$

$$\begin{array}{r} 12 \\ \times\ 50 \\ \hline \end{array} \quad \begin{array}{r} 11 \\ \times\ 60 \\ \hline \end{array} \quad \begin{array}{r} 12 \\ \times\ 70 \\ \hline \end{array} \quad \begin{array}{r} 11 \\ \times\ 90 \\ \hline \end{array}$$

$$\begin{array}{r} 21 \\ \times\ 20 \\ \hline \end{array} \quad \begin{array}{r} 34 \\ \times\ 30 \\ \hline \end{array} \quad \begin{array}{r} 17 \\ \times\ 40 \\ \hline \end{array} \quad \begin{array}{r} 23 \\ \times\ 50 \\ \hline \end{array}$$

Matemática e diversão

Multiplicando é que se chega lá!

Este jogo deve ser jogado com mais três colegas.

Cada jogador coloca uma peça sobre a casa inicial e, na sua vez, joga um dado. O número que cair no dado é o número de casas que o jogador deverá avançar. É possível andar em todas as direções, menos na diagonal. Cada jogador pode andar em mais de uma direção na mesma jogada.

Quando chegar na casa de destino, o jogador deverá multiplicar o número que caiu no dado pelo número que consta da casa. Os colegas deverão confirmar o resultado.

× 2	2	4	23	34	3	66		× 1	
20	12	23	90	700	6	89	67	7	354
988	49		88	455	500	4	3	22	55
23	36	123	34	− 4	485	80	456	39	5
243	24	25	230	352	210	350	71	407	70
123	20	59	122	782	200		5	48	479
12	+ 4	63	40	56	95	641	56	570	810
0		44	27	+ 3	46	31	900	1	
23	10	100	218	475	78	156	79	36	54
4	5	0	543	233	61	148	− 1	90	89
5	4	1	82	28	69	926	50	605	87
início	2	3	18		33	81	5	60	14

Caso o jogador tenha errado, ele é obrigado a voltar 10 casas em direção ao início do tabuleiro, seja indo para a esquerda ou para baixo.

Quem cair nas casas azuis pode andar o número de casas correspondentes ao número que caiu no dado, somado, subtraído ou multiplicado pelo número escrito na casa. Não é possível passar pelas casas cinzas, é preciso desviar delas.

Vence quem chegar primeiro à casa final. Mas é preciso chegar até ela andando o número exato de casas que cair no dado!

56	46	56	63	64	– 3	45	455	123	fim
43	23	25	34	45	34	101	343	233	342
243	+ 2	34	955	35	234	120	45	354	
	13	99	344	256	65		465	910	+ 1
86	122	78	42	53	7	171	68	176	704
6	283	200	71	64	75	799	6	797	485
788	41	707	85	+ 3	85	– 1	45	309	251
181	300	509	24	512	55	33	681		659
28	212	128	63	462	43	490	140	15	311
179	316		666	60	16	95	100	0	214
41	18	48	412	951	216	66	89	– 2	1
24	× 1	53	52	111	160		79	49	10

Dobro e triplo

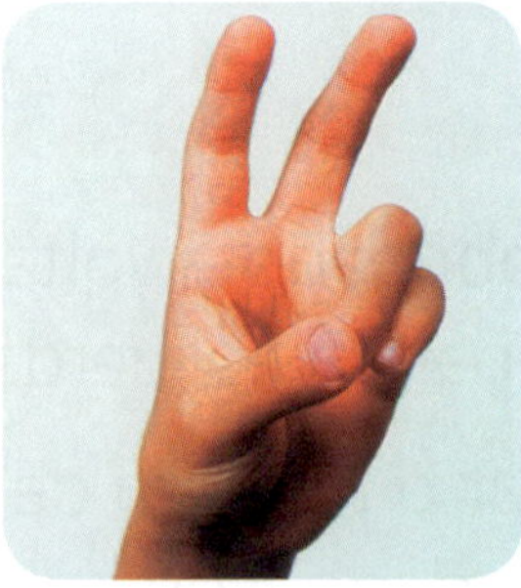

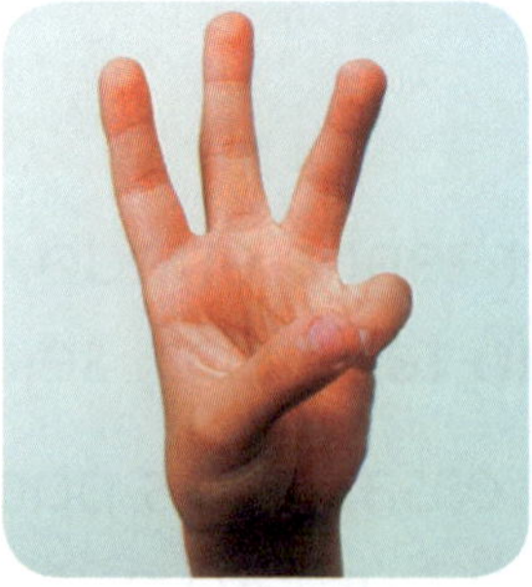

Fotos: Sérgio Dotta Jr./Arquivo da editora

Os alunos de uma classe formaram grupos e doaram livros e jogos para o Cantinho da Leitura de uma instituição da cidade.

O grupo **A** doou 7 livros.

Ilustrações: Ilustra Cartoon/Arquivo da editora

O grupo **B** doou 14 livros.

O dobro de 7 é $2 \times 7 = 14$.

Para encontrar o **dobro** de um número, basta multiplicá-lo por 2.

O grupo **C** doou 4 jogos.

Ilustrações: Ilustra Cartoon/Arquivo da editora

O grupo **D** doou 12 jogos.

O triplo de 4 é $3 \times 4 = 12$.

Para encontrar o triplo de um número, basta multiplicá-lo por 3.

Atividades

1. Desenhe nos quadros.

O dobro de:

4 petecas ↓

8 lápis ↓

O triplo de:

4 balas ↓

3 peixes ↓

2. Complete:

a) O dobro de 7 é .... × .... = ...

b) O triplo de 8 é .... × .... = ...

c) O dobro de 9 é .... × .... = ...

d) O triplo de 7 é .... × .... = ...

e) O dobro de 4 é .... × .... = ...

f) O dobro de 8 é .... × .... = ...

Ler, refletir e resolver

1. Numa viagem, Magda tirou 36 fotos e sua irmã tirou o dobro. Quantas fotos foram tiradas ao todo na viagem?

2. Ricardo tem R$ 45,00 e Rita tem o dobro dessa quantia mais R$ 10,00. Quanto reais tem Rita?

3. Pedro tem 12 livros. João tem o dobro de livros de Pedro. E Carlos tem o triplo de livros de João. Quantos livros têm os três juntos?

Ilustra Cartoon/Arquivo da editora

Multiplicação com três fatores

A professora dividiu a classe em grupos e pediu aos alunos que resolvessem este problema:

Ilustrações: Ilustra Cartoon/Arquivo da editora

A classe concluiu que, na multiplicação com 3 ou mais fatores, podemos substituir 2 fatores quaisquer por seu produto.

$(3 \times 2) \times 4 =$
$= 6 \times 4 = 24$ ← $3 \times 2 \times 4$ → $3 \times (2 \times 4) =$
$= 3 \times 8 = 24$

Atividade

- Complete e resolva.

$2 \times 3 \times 4 =$

$(\ldots\ldots \times 3) \times 4 =$

$\ldots\ldots \times \ldots\ldots = \ldots\ldots$

$5 \times 3 \times 2 =$

$(5 \times \ldots\ldots) \times 2 =$

$\ldots\ldots \times \ldots\ldots = \ldots\ldots$

$4 \times 5 \times 2 =$

$4 \times (5 \times \ldots\ldots) =$

$\ldots\ldots \times \ldots\ldots = \ldots\ldots$

$3 \times 4 \times 5 =$

$(\ldots\ldots \times 4) \times \ldots\ldots =$

$\ldots\ldots \times \ldots\ldots = \ldots\ldots$

Ler, refletir e resolver

1. A escola em que Ricardo estuda tem 2 turnos. Em cada turno há 8 turmas de 20 alunos cada uma delas. Quantos estudantes há na escola?

2. Marcela comprou 3 caixas de canetas. Em cada caixa há 8 canetas. Se cada uma delas custa R$ 2,00, quanto Marcela gastou?

Saiba mais

Multiplicação com dois algarismos no multiplicador

A professora propôs aos alunos que resolvessem este problema:

Ilustrações: Ilustra Cartoon/Arquivo da editora

Os alunos mostraram que poderiam adicionar 12 vezes o número de livros (43) ou fazer 12 × 43, porque as parcelas da adição eram iguais.

$$\begin{array}{r} 4\ 3 \\ \times\ 1\ 2 \\ \hline \end{array}$$

A professora, então, explicou:

Observe:

$$\begin{array}{r} 43 \\ \times\ 12 \\ \hline 86 \\ +\ 430 \\ \hline 516 \end{array}$$

86 → 2 × 43 — Multiplicamos 2 × 43

430 → 10 × 43 — Multiplicamos 10 × 43

516 → Somando os produtos, temos 12 × 43.

Na prática, fazemos:

$$\begin{array}{r} 43 \\ \times\ 12 \\ \hline 86 \\ +\ {}^{1}43 \\ \hline 516 \end{array}$$

86 → 2 × 43

43 → 1 × 43

516 Resposta: Há 516 livros na estante de Leandro.

Divisão

Repartir igualmente

Ilustrações: Ilustra Cartoon/Arquivo da editora

Tio Marcelo trouxe 8 livros de histórias infantis para dividir entre seus sobrinhos Caio e Lia.

Quantos livros cada um deles receberá?

Veja a distribuição dos livros um a um:

Cada sobrinho de Marcelo receberá 4 livros.

8 dividido por 2 é 4.

8	÷	2	=	4
dividendo		divisor		quociente
número que se divide		número pelo qual se divide		resultado da divisão

A divisão é indicada pelos sinais **:** ou **÷**, que significam **dividido por**.

Veja agora essa divisão usando a subtração:

$$\begin{array}{r} 8 \\ -\ 2 \\ \hline 6 \end{array}$$ → Cada sobrinho recebe 1 livro e sobram 6.

$$\begin{array}{r} 6 \\ -\ 2 \\ \hline 4 \end{array}$$ → Desses 6, é dado mais 1 livro para cada um e sobram 4.

$$\begin{array}{r} 4 \\ -\ 2 \\ \hline 2 \end{array}$$ → Mais 1 livro para cada sobrinho e sobram 2.

$$\begin{array}{r} 2 \\ -\ 2 \\ \hline 0 \end{array}$$ → Mais 1 livro para cada sobrinho e não sobram mais livros.

Veja agora na prática.

$$\begin{array}{rr|l} & 8 & 2 \\ \cline{3-3} - & 8 & 4 \\ \hline & 0 & \end{array}$$

8 dividido por 2 dá 4, porque $4 \times 2 = 8$.

Cada sobrinho receberá 4 livros.

Divisão: ideia de medida

A turma, formada por 20 crianças, foi dividida em 5 grupos de 4 crianças.

Ilustrações: Ilustra Cartoon/Arquivo da editora

Para saber quantas vezes o 4 cabe em 20, divida 20 por 4, ou seja, $20 \div 4$.

dividendo → 20	4 ← divisor	
−20	5 ← quociente	
resto → 00		

20 dividido por 4 dá 5, pois $5 \times 4 = 20$.

Atividades

1 Complete.

Com .... balões podemos formar .... grupos de 4.

Com .... flores podemos formar .... grupos de 7.

Com .... lápis podemos formar .... grupos de 3.

Com .... balas podemos formar .... grupos de 5.

Ilustrações: Ilustra Cartoon/Arquivo da editora

2 Assinale com **X** as alternativas verdadeiras. Copie as falsas, corrigindo-as.

- ( ) Em 36 cabem 4 grupos de 10.
- ( ) Em 16 cabem 8 grupos de 2.
- ( ) Em 27 cabem 9 grupos de 4.
- ( ) Em 45 cabem 5 grupos de 9.

....

....

....

....

3 Desenhe, resolva e complete.

a) Marta tem 6 flores para colocar igualmente em 3 vasos. Quantas flores colocará em cada vaso?

6 ÷ 3 = 2, pois .... × 2 = 6

....

b) Márcia comprou 18 copos e vai distribuí-los em 3 caixas. Quantos copos deverá colocar em cada caixa?

.... ÷ .... = ..., pois .... × .... = ...

....

c) Paulinho tem 12 balas. Ele quer distribuí-las igualmente entre 4 amigos. Quantas balas receberá cada um deles?

Ilustrações: Ilustra Cartoon/Arquivo da editora

.... ÷ .... = ..., pois .... × .... = ...

....

d) Mateus quer arrumar seus 24 chaveiros em caixas com 6 chaveiros em cada uma delas. Quantas caixas ele vai usar?

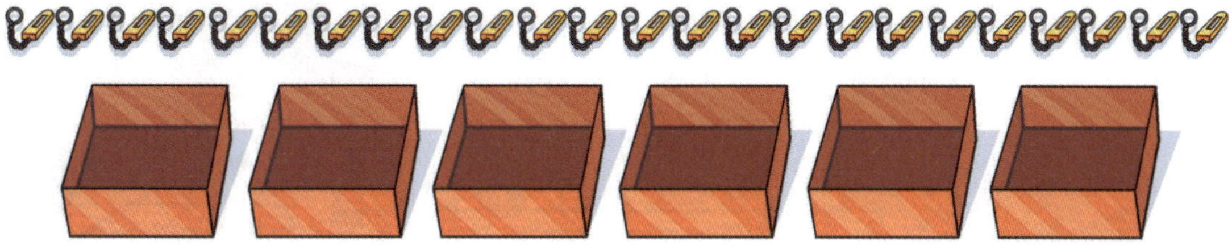

.... ÷ .... = ..., pois .... × .... = ...

....

e) Pedrinho comprou uma caixa de chocolates com 36 unidades para seu aniversário e vai distribuí-los em 6 mesas. Quantos chocolates ele colocará em cada mesa?

.... ÷ .... = ..., pois .... × .... = ...

....

f) Natália fez 36 docinhos e quer colocar 9 em cada prato. Quantos pratos ela usará?

Ilustrações: Ilustra Cartoon/ Arquivo da editora

.... ÷ .... = ..., pois .... × .... = ...

....

4 Calcule mentalmente e complete.

Ilustra Cartoon/Arquivo da editora

8 ÷ 2 = ..., pois 2 × ...... = 8

6 ÷ 3 = ..., pois 3 × ...... = 6

10 ÷ 2 = ..., pois 2 × ...... = 10

9 ÷ 3 = ..., pois 3 × ...... = 9

12 ÷ 4 = ..., pois 4 × ...... = 12

A divisão é a operação inversa da ....

5 Quantas cédulas de R$ 5,00 são necessárias para trocar as quantias?

R$ 50,00 (50 ÷ 5) ⟶ ....

R$ 35,00 (...... ÷ ......) ⟶ ....

R$ 25,00 (...... ÷ ......) ⟶ ....

R$ 40,00 (...... ÷ ......) ⟶ ....

6 Complete os espaços vazios. O resultado deverá ser sempre 8.

...... + 2

20 − ......

8

2 × ......

...... ÷ 5

Ler, refletir e resolver

1 Se 32 adesivos forem repartidos igualmente entre 5 crianças, quantos adesivos ganhará cada criança? Quantos adesivos sobrarão?

Ilustrações: Ilustra Cartoon/Arquivo da editora

....

2 Júlia vai guardar seus 54 livros em caixas. Em cada caixa cabem 6 livros. De quantas caixas ela vai precisar?

....

3 Três amigos foram a uma lanchonete e gastaram ao todo esta quantia:

Fotos: Casa da Moeda do Brasil/Arquivo da editora

Esses três amigos repartiram a conta igualmente entre eles.
Quanto cada um deles pagou?

....

....

....

4 O auditório de uma escola tem 42 assentos, sendo 6 em cada fileira. Quantas fileiras tem esse auditório?

....

....

Matemática e diversão

Labirinto da divisão

Faça a abelha chegar até a colmeia. Ela pode passar somente pelo resultado das divisões a seguir.

12 ÷ 2	10 ÷ 2	16 ÷ 4	27 ÷ 3
9 ÷ 3	32 ÷ 4	14 ÷ 2	18 ÷ 9

Métodos para efetuar a divisão

Quantas embalagens de 2 canetas posso formar com 8 canetas?

Para efetuarmos a operação da divisão, podemos usar os métodos longo ou breve. Observe:

Método longo

```
  8 | 2
    ----
– 8   4
---
  0
```

$8 - 8 = 0$

Procura-se o número que, multiplicado por 2, dê 8.

$2 \times 1 = 2$ $\quad$ $2 \times 3 = 6$

$2 \times 2 = 4$ $\quad$ $2 \times 4 = 8$

$8 \div 2 = 4$, pois $4 \times 2 = 8$.

Método breve

```
8 | 2
  ----
0   4
```

8 para 8 não falta nada

Ilustra Cartoon/Arquivo da editora

Assim, posso formar 4 embalagens de 2 canetas.

Agora é a sua vez de tentar efetuar, mentalmente, algumas divisões.

$18 \div 3 =$ .... → .... $\times 3 = 18$ $\qquad$ $27 \div 3 =$ .... → .... $\times 3 = 27$

$15 \div 5 =$ .... → .... $\times 5 = 15$ $\qquad$ $12 \div 6 =$ .... → .... $\times 6 = 12$

$21 \div 3 =$ .... → .... $\times 3 = 21$ $\qquad$ $36 \div 4 =$ .... → .... $\times 4 = 36$

$16 \div 8 =$ .... → .... $\times 8 = 16$ $\qquad$ $45 \div 5 =$ .... → .... $\times 5 = 45$

$10 \div 5 =$ .... → .... $\times 5 = 10$ $\qquad$ $32 \div 4 =$ .... → .... $\times 4 = 32$

Dividindo dezenas e unidades

Divisão exata e divisão não exata

Vamos repartir 28 adesivos igualmente entre 2 meninas. Quantos adesivos cada uma delas receberá?

```
dividendo ── 2 8 | 2 ── divisor
            −2     1 4 ── quociente
            ───
             0 8
            −  8
            ───
resto ──       0
```

1º Dividimos as dezenas: 2 D ÷ 2 = 1 D, pois 1 D × 2 = 2 D.

2º Dividimos as unidades: 8 U ÷ 2 = 4 U, pois 4 U × 2 = 8 U.

Cada uma das meninas receberá 14 adesivos.

Quando o resto é 0, dizemos que a **divisão é exata**.

E se fossem 27 adesivos para repartir?

```
  2 7 | 2
 −2     1 3
 ───
  0 7
 −  6
 ───
    1
```

Cada uma delas receberia 13 adesivos e sobraria 1.

Quando o resto é diferente de 0 dizemos que a **divisão é não exata**.

Atividades

1 Efetue as divisões e escreva se são exatas ou não exatas.

9 | 2 Divisão	2 4 | 3 Divisão	3 6 | 6 Divisão ....
1 9 | 3 Divisão	1 2 | 5 Divisão	2 7 | 3 Divisão ....

2 Efetue e escreva o nome dos termos.

1 2 | 5

3 Efetue mais algumas divisões.

8 4 | 4   4 2 | 2   2 9 | 2   9 7 | 3

4 Calcule o quociente e o resto de cada divisão.

a) 18 ÷ 4

quociente ....

resto ....

b) 26 ÷ 4

quociente ....

resto ....

c) 16 ÷ 4

quociente ....

resto ....

d) 29 ÷ 4

quociente ....

resto ....

e) 27 ÷ 4

quociente ....

resto ....

f) 32 ÷ 4

quociente ....

resto ....

- Em uma divisão por 4, que números podem aparecer como resto? ....

5 Das divisões que Viviane efetuou, ela errou somente duas. Assinale as divisões erradas e reescreva-as corretamente.

a) 45 ÷ 9 = 5 e resto 0 ◯ ....

b) 38 ÷ 6 = 6 e resto 1 ◯ ....

c) 19 ÷ 2 = 9 e resto 1 ◯ ....

d) 25 ÷ 7 = 3 e resto 4 ◯ ....

e) 34 ÷ 4 = 8 e resto 2 ◯ ....

f) 40 ÷ 5 = 8 e resto 0 ◯ ....

g) 75 ÷ 8 = 9 e resto 2 ◯ ....

h) 15 ÷ 3 = 5 e resto 0 ◯ ....

Dividindo centenas, dezenas e unidades

Divisão exata e divisão não exata

Acompanhe como Bruno faz a seguinte divisão:

2 centenas ÷ 2 = 1 centena

5 dezenas ÷ 2 = 2 dezenas e resta 1 dezena

Ele trocou 1 dezena por 10 unidades e juntou com as 6 unidades existentes.

Ficou assim:

1 dezena = 10 unidades

10 unidades + 6 unidades = 16 unidades

Então ele dividiu 16 unidades por 2 e obteve 8.

- Efetue as divisões no caderno. Depois escreva o quociente e o resto de cada uma delas.

a) 246 ÷ 2

quociente ....

resto ....

b) 479 ÷ 4

quociente ....

resto ....

c) 832 ÷ 7

quociente ....

resto ....

d) 368 ÷ 3

quociente ....

resto ....

e) 640 ÷ 5

quociente ....

resto ....

f) 872 ÷ 6

quociente ....

resto ....

Atividades

1 Efetue as seguintes divisões exatas:

$$4\,2\,8 \;\big|\; \underline{2}$$

$$9\,6\,3 \;\big|\; \underline{3}$$

$$6\,8\,4 \;\big|\; \underline{2}$$

$$4\,8\,4 \;\big|\; \underline{4}$$

$$1\,9\,2 \;\big|\; \underline{3}$$

$$4\,3\,8 \;\big|\; \underline{3}$$

2 Arme e efetue as seguintes divisões:

a) $212 \div 2 =$ ....

b) $735 \div 7 =$ ....

c) $108 \div 4 =$ ....

d) $186 \div 6 =$ ....

e) $428 \div 4 =$ ....

f) $252 \div 7 =$ ....

Ler, refletir e resolver

1. Carla comprou uma bolsa por R$ 105,00 e um sapato por R$ 48,00. Vai pagar essa compra em 3 prestações iguais. Qual é o valor de cada prestação?

2. Roberto comprou 4 camisas com preços iguais. Ele gastou R$ 164,00. Quanto custou cada camisa?

3. Para comprar 5 uniformes de futebol, foram gastos R$ 270,00.

   a) Qual é o preço de cada uniforme?

   b) Para comprar esses uniformes, cada criança contribuiu com R$ 60,00. Quanto cada uma delas receberá de volta?

4 Em uma escola havia 492 alunos. Foram matriculados mais 216. Todos foram distribuídos igualmente em 2 turnos. Quantos alunos estudam agora em cada turno?

5 Marta pagou R$ 48,00 por 6 pares de meias. Quanto ela pagaria se comprasse 8 pares?

6 Rodrigo tinha R$ 195,00 e seu irmão tinha R$ 220,00. Eles juntaram o dinheiro e compraram 5 jogos de *videogame* de mesmo valor. Qual é o preço de cada jogo?

7 Depois do cinema, Marcela e 4 amigas foram a uma lanchonete e resolveram dividir a despesa em partes iguais. Sabendo que o total gasto foi de R$ 45,00, quanto cada uma delas pagou?

Prova real da multiplicação (pela divisão)

- Efetue e tire a prova real:

$$\begin{array}{r} 26 \\ \times \quad 3 \\ \hline \end{array}$$

$$\begin{array}{r} 18 \\ \times \quad 4 \\ \hline \end{array}$$

$$\begin{array}{r} 123 \\ \times \quad 2 \\ \hline \end{array}$$

$$\begin{array}{r} 234 \\ \times \quad 3 \\ \hline \end{array}$$

Prova real da divisão (pela multiplicação)

Ilustrações: Ilustra Cartoon/Arquivo da editora

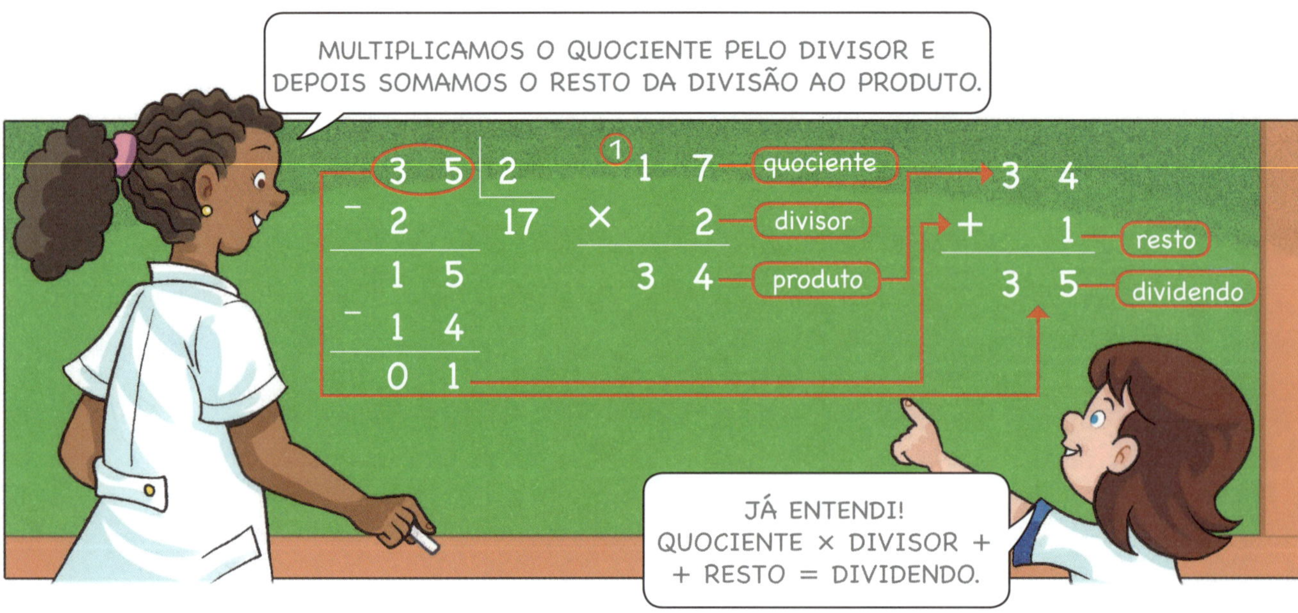

Atividades

1 Efetue e tire a prova real.

8 6 | 2 — Prova real

1 2 4 | 2 — Prova real

8 1 | 3 — Prova real

1 5 3 | 3 — Prova real

2 4 8 | 4 — Prova real

2 3 6 | 5 — Prova real

3 2 5 | 5 — Prova real

1 5 9 | 6 — Prova real

2 Descubra os números que completam o quadro.

Dividendo	Divisor	Quociente	Resto
124	2		0
	3	25	1
246	4		2
	5	85	4

3 Tiago aprendeu a usar a calculadora. Você também sabe usá-la? Vamos verificar!

Anneka/Shutterstock/Glow Images

Usando uma calculadora, descubra o número que:

a) adicionado a 47 tem resultado

63 ◯ 80 ◯ 95 ◯

b) subtraído de 80 tem resultado

55 ◯ 69 ◯ 37 ◯

c) dividido por 4 tem resultado

14 ◯ 10 ◯ 32 ◯

d) multiplicado por 2 tem resultado

16 ◯ 34 ◯ 50 ◯

Saiba mais

Divisão com dois algarismos no divisor

Para enfeitar as mesas de aniversário de sua avó, Rita Luísa precisava arrumar 69 bombons em 23 cestinhas.

No dia seguinte, Rita Luísa contou para a classe como havia arrumado as cestinhas.

Aproveitando a novidade, a professora pediu à menina que explicasse como havia resolvido o problema e mostrou outro exemplo.

Ilustrações: Ilustra Cartoon/Arquivo da editora

Dúzia

Pinguins de ovos cozidos

Ingredientes (para 6 pinguins)

6 ovos
12 azeitonas pretas
1 cenoura grossa, cozida
1 latinha de patê
1 tubo ou bisnaga de maionese
palitos de dente
alface, tomates cereja
ou batata (palha ou *chips*)

Fotos: Rubens Chaves

Preparo

Cozinhe os ovos por 10 minutos e, depois de frios, descasque-os.

Corte delicadamente uma tampa na parte mais larga do ovo: com uma colher pequena, retire as gemas com cuidado. Misture essas gemas com patê e um pouquinho de maionese para rechear os ovos cozidos.

Em seguida, numa rodela grande de cenoura, recorte os pés do pinguim e coloque o ovo recheado sobre eles.

Coloque uma azeitona preta inteira espetada no alto, no lugar da cabeça, e com um tubo de maionese faça os olhinhos. Espete um pedacinho de cenoura no lugar do bico e uma metade de azeitona de cada lado do ovo, formando os braços do pinguim

Para decorar essa receita fresquinha, use alface cortadinha, tomatinho tipo cereja ou batata frita (tipo palha ou *chips*).

Simpático, não? Agora, bom apetite!

Já sei cozinhar! Livros de receitas para jovens e crianças, de Michèle Simonon e Françoise Viroux. Adaptação de Vera Faria Bernardes. Contagem: Leitura.

Quantos ovos são usados na receita? ....

Quantas azeitonas pretas? ....

Você já sabe que 1 dúzia são 12. Para fazer pinguins de ovos cozidos, você precisa de .... dúzia de ovos e .... dúzia de azeitonas.

meia dúzia = 6 unidades   1 dúzia = 12 unidades

Atividade

- A mãe de Luís tem uma loja de flores. O menino costuma ajudá-la na loja.

Ilustrações: Ilustra Cartoon/Arquivo da editora

No sábado, Luís arrumará alguns buquês encomendados e calculará os preços.

Complete com a quantidade de flores que deve ser colocada em cada encomenda e calcule o valor a ser pago.

Encomenda 1

1 buquê com 2 dúzias e meia de rosas vermelhas.

Colocar .... rosas.

Valor: R$ ....

Encomenda 2

1 buquê com 1 dúzia e meia de palmas brancas.

Colocar .... palmas.

Valor: R$ ....

Encomenda 3

1 buquê com 3 dúzias de margaridas.

Colocar .... margaridas.

Valor: R$ ....

Encomenda 4

1 buquê com meia dúzia de rosas amarelas, 1 dúzia de rosas brancas e meia dúzia de rosas vermelhas.

Colocar .... rosas amarelas, ... rosas brancas e .... rosas vermelhas.

Valor: R$ ....

Ler, refletir e resolver

1 Na caixa, há 8 embalagens de 1 dúzia de ovos. Quantos ovos há na caixa?

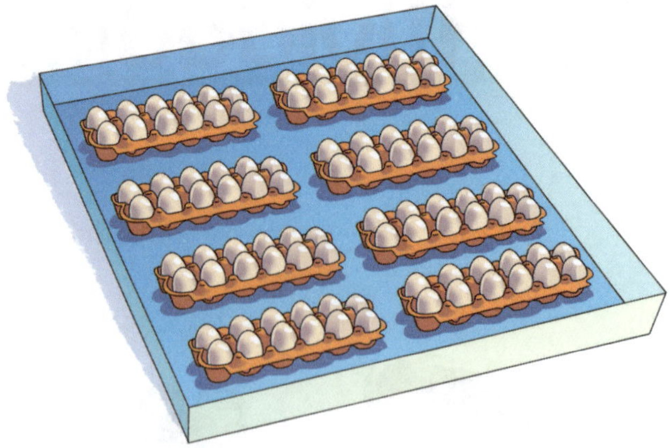

Ilustra Cartoon/Arquivo da editora

2 Uma padaria comprou 5 dessas caixas de ovos. Já usou 275 ovos em pães, bolos e doces. Quantos ovos ainda restam?

3 Helena comprou 2 dúzias de bombons para distribuir igualmente entre 6 sobrinhos. Quantos bombons cada sobrinho receberá?

4 Carla tem 1 dúzia e meia de botões e Dalva tem o dobro de 1 dezena. Quem tem mais botões? Quantos a mais?

Sentenças matemáticas

Ilustra Cartoon/Arquivo da editora

Veja o que fazer para descobrir um valor desconhecido:

1º Representamos por ■ o valor que se quer descobrir.

2º Para encontrar esse valor, aplicamos a operação inversa.

Na **adição**, aplicamos a **subtração**:

■ + 15 = 26
■ = 26 − 15
■ = 11

Na **subtração**, aplicamos a **adição**:

■ − 9 = 17
■ = 17 + 9
■ = 26

Na **multiplicação**, aplicamos a **divisão**:

■ × 3 = 27
■ = 27 ÷ 3
■ = 9

Na **divisão**, aplicamos a **multiplicação**:

■ ÷ 3 = 15
■ = 15 × 3
■ = 45

Atividades

1 Encontre os valores nas sentenças matemáticas.

$\blacksquare - 8 = 17$

$\blacksquare + 15 = 36$

$\blacksquare \times 8 = 40$

$\blacksquare \div 6 = 7$

$\blacksquare + 36 = 45$

$\blacksquare - 15 = 40$

2 Agora, crie duas sentenças matemáticas para um colega calcular.

Ler, refletir e resolver

1. Renato comprou bombons. Deu 26 e ficou com 32. Quantos bombons ele comprou?

2. Marcos dividiu igualmente as figurinhas que tinha entre 4 amigos. Cada um deles recebeu 17 figurinhas. Quantas figurinhas ele tinha?

3. O triplo da quantidade de canetas que Guilherme tem em sua coleção corresponde a 48. Quantas canetas há na coleção de Guilherme?

4. Ana pensou em um número, somou 8 e obteve 37. Em que número ela pensou?

Ideias em ação

Simetria

Material necessário

- régua
- lápis
- folha do **Caderno de ideias em ação**

Nesta Unidade você estudou figuras simétricas. Percebeu que a simetria existe na natureza e também em figuras geométricas. Observe alguns exemplos e repare nos eixos de simetria.

Lightspring/Shutterstock/Glow Images

Jaroslava V/Shutterstock/Glow Images

Aodaodaodaod/Shutterstock/Glow Images

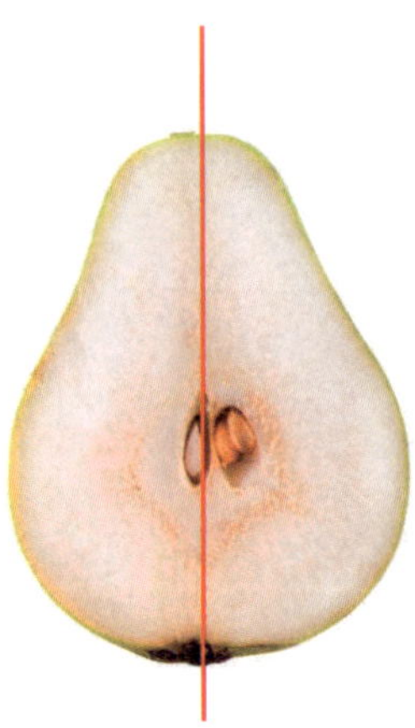

Palokha Tetiana/Shutterstock/Glow Images

Eric Isselee/Shutterstock/Glow Images

Observe também figuras geométricas com linhas retas e não retas que apresentam simetria.

Nesse caso, é possível ver como traçar a parte simétrica de uma figura.

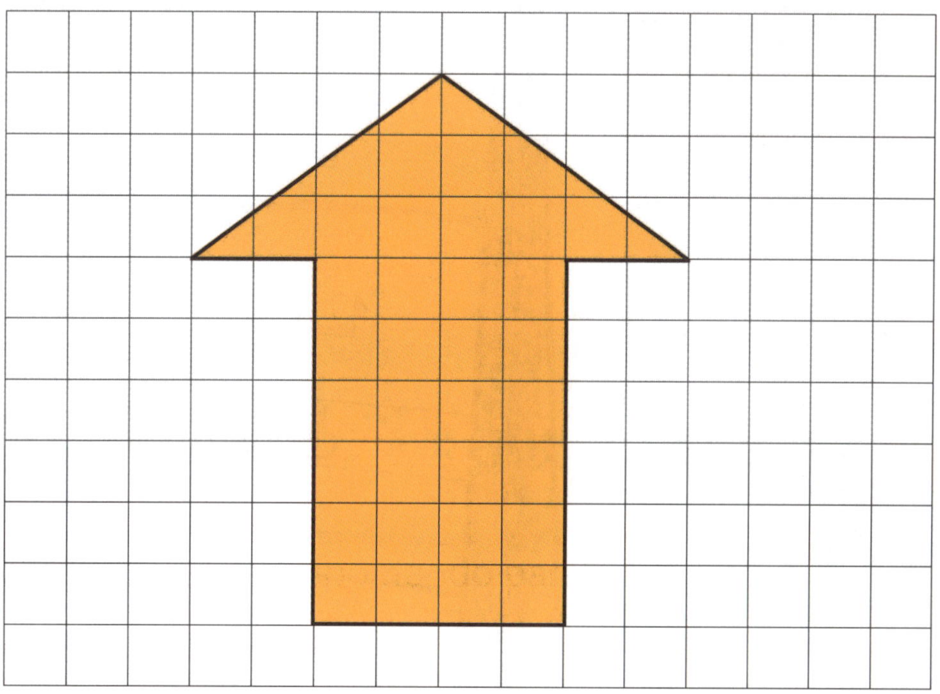

Ilustrações: Ilustra Cartoon/Arquivo da editora

É o que você vai fazer nesta atividade. No **Caderno de ideias em ação** você vai encontrar partes de figuras geométricas sobre malha quadriculada. Usando a régua, desenhe a outra metade simétrica. Trace também o eixo de simetria. Capriche!

UNIDADE 4

Frações e sistemas de medida

Vamos conversar?

- O que os números representam nesta cena?
- Você também tem uma rotina diária? Pense nos horários em que realiza cada atividade e converse com os colegas.

O que vou estudar?

- Frações
- Medidas de tempo
- Medidas de comprimento
- Medidas de massa
- Medidas de capacidade

Brincar
15h00
18h00
Ajudar na limpeza
19h00
Jantar
20h00
Ler

Capítulo 8

Frações

Noção de fração

Quantos brinquedos e quantas crianças há na cena?

Ilustra Cartoon/Arquivo da editora

Os brinquedos serão divididos igualmente entre as crianças. Quantos brinquedos cada uma delas receberá?

....

Metade ou meio

Durante o jogo de futebol, Marcelo comprou um chocolate e deu metade a seu irmão.

Ilustrações: Ilustra Cartoon/Arquivo da editora

Para achar a metade ou o meio, dividimos o inteiro igualmente por 2.

Cada uma dessas partes é um meio do chocolate.

> Em Matemática, representamos **um meio** assim: $\frac{1}{2}$.
> Lemos: um meio, ou simplesmente meio.

Em $\frac{1}{2}$, o número que fica embaixo do traço (2) indica em quantas partes iguais o todo está sendo dividido. O número que fica em cima do traço (1) indica o número de partes consideradas.

Metade de uma quantidade

A metade de 6 é 3, porque 6 dividido por 2 dá 3.

$6 \div 2 = 3$

Representamos assim:

$\frac{1}{2}$ de 6 lápis → 3 lápis

Pinte a metade de cada quantidade e complete a frase.

$\frac{1}{2}$ de 8 é ....

$\frac{1}{2}$ de 6 é ....

Ler, refletir e resolver

1. Marcela tem 28 figurinhas em seu álbum. Selma possui a metade da quantidade de figurinhas que Marcela tem. Quantas figurinhas há no álbum de Selma?

2. Cíntia tem R$ 36,00. Lúcia tem metade do que Cíntia tem. Quantos reais têm as duas juntas?

3. Num vaso há 18 flores. Metade delas são rosas. Quantas rosas há no vaso?

Ilustra Cartoon/Arquivo da editora

4. Guilherme tem 86 chaveiros em sua coleção. Metade deles é de times de futebol. Quantos chaveiros de times de futebol Guilherme possui?

Terça parte

Tadeu comprou um chocolate.

Ilustrações: Ilustra Cartoon/Arquivo da editora

Ele dividiu esse chocolate em três partes iguais:

Tadeu vai ficar com uma parte e dar as outras duas a dois primos.

Cada uma dessas partes é **um terço** do chocolate.

Tadeu ficou com $\frac{1}{3}$ do chocolate, e cada um dos primos também ganhou $\frac{1}{3}$.

> **Um terço** ou a **terça parte** representamos assim: $\frac{1}{3}$.
> Lemos: um terço.

Atividades

1 Pinte $\frac{1}{3}$ de cada figura.

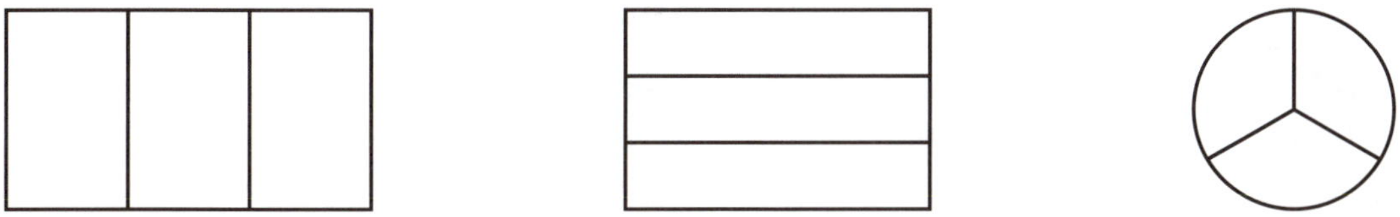

2 Pinte a terça parte do número de elementos de cada conjunto e complete as lacunas.

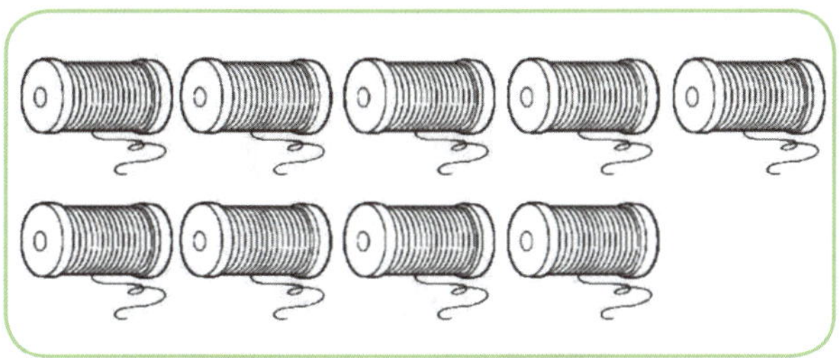

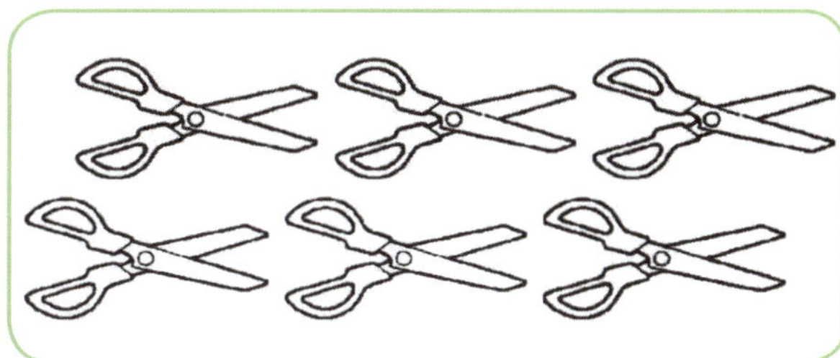

Ilustrações: Avalone/Arquivo da editora

$\frac{1}{3}$ de 9 é ....

$\frac{1}{3}$ de 6 é ....

3 Ivo tem uma coleção com 18 bolinhas de gude. Um terço dessas bolinhas é verde. Desenhe a coleção de Ivo e pinte as bolinhas verdes.

4 Calcule no caderno e registre o resultado.

$\frac{1}{3}$ de 36 revistas → .... revistas

$\frac{1}{3}$ de 42 selos → .... selos

Quarta parte

Raquel convidou suas melhores amigas para passar a tarde em sua casa. Enquanto elas brincavam...

Ilustrações: Ilustra Cartoon/Arquivo da editora

... a mãe de Raquel preparou um bolo e dividiu-o em quatro partes iguais.

Cada criança vai receber uma das quatro partes.

Cada uma dessas partes é **um quarto** do bolo.

> **Um quarto** ou a **quarta parte** representamos assim: $\frac{1}{4}$.
> Lemos: um quarto.

Agora, pinte $\frac{1}{4}$ de cada figura abaixo:

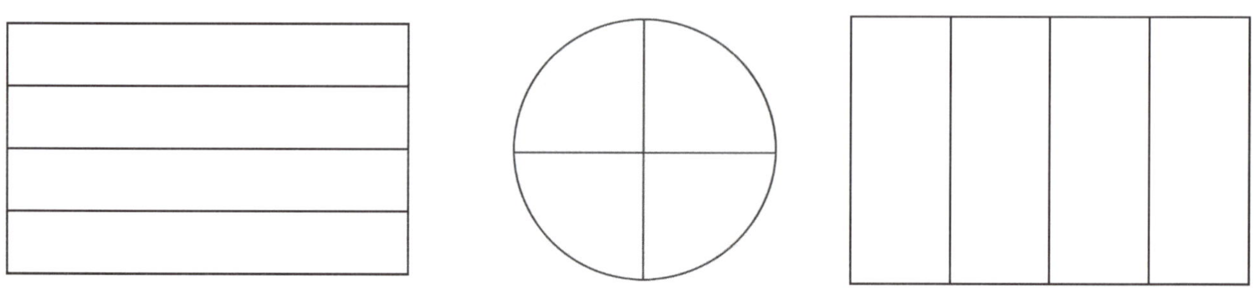

Atividades

1 Pinte a quarta parte do número de elementos de cada conjunto e complete as lacunas.

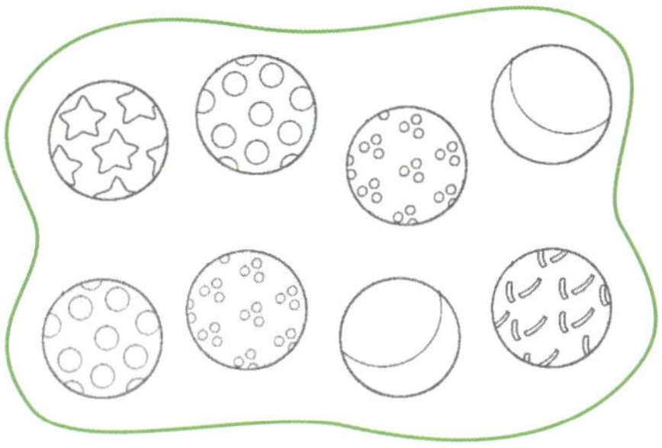

Ilustrações: Avalone/Arquivo da editora

$\frac{1}{4}$ de 8 é ....

$\frac{1}{4}$ de 12 é ....

2 Calcule.

$\frac{1}{4}$ de 24 → ....

$\frac{1}{4}$ de 32 → ....

$\frac{1}{4}$ de 60 → ....

$\frac{1}{4}$ de 100 → ....

3 Calcule mentalmente e complete:

a) A metade de 30 doces é igual a .... doces.

b) A quarta parte de 1 dúzia de maçãs é igual a .... maçãs.

c) A terça parte de meia dúzia de balas é igual a .... balas.

d) A terça parte de 15 bombons é igual a .... bombons.

4 Lucas tinha um pacote de balas e deu a quarta parte delas a Mônica. Se Mônica ganhou 9, quantas balas havia no pacote de Lucas?

....

....

Outras partes do inteiro

Vamos dividir o inteiro por outros números. Observe:

$\frac{1}{5}$

um quinto

$\frac{1}{6}$

um sexto

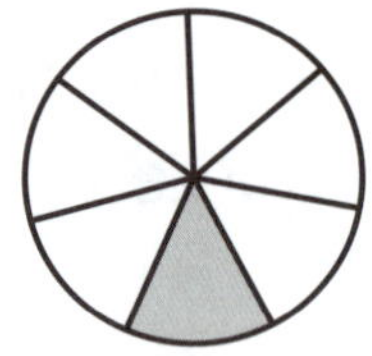

$\frac{1}{7}$

um sétimo

$\frac{1}{8}$

um oitavo

$\frac{1}{9}$

um nono

$\frac{1}{10}$

um décimo

Agora escreva as frações correspondentes às partes de cada figura a seguir:

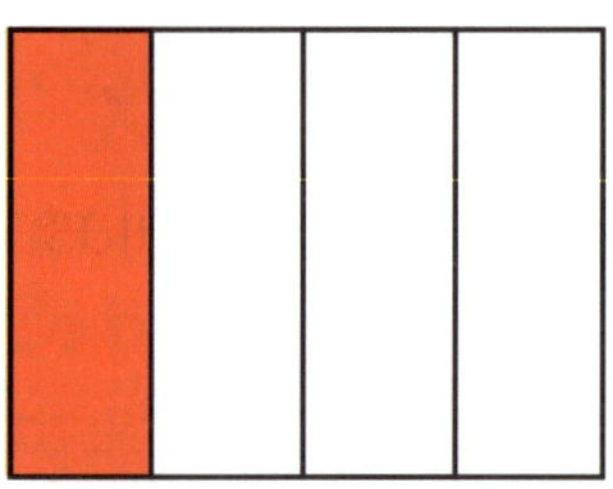

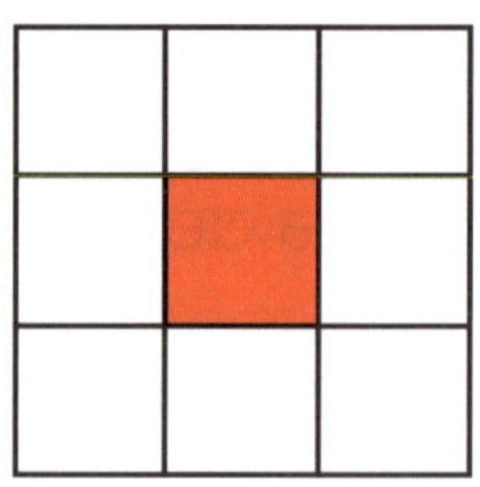

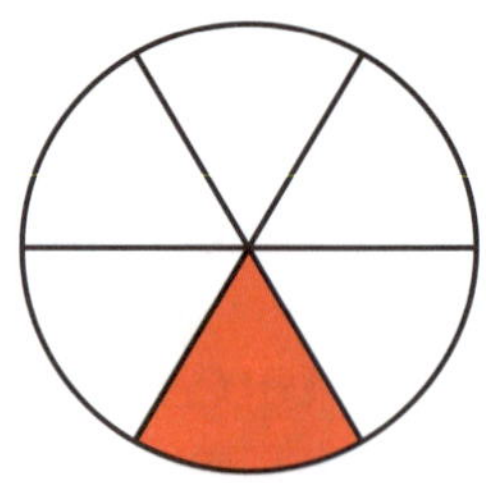

Atividades

1 Pinte a fração correspondente.

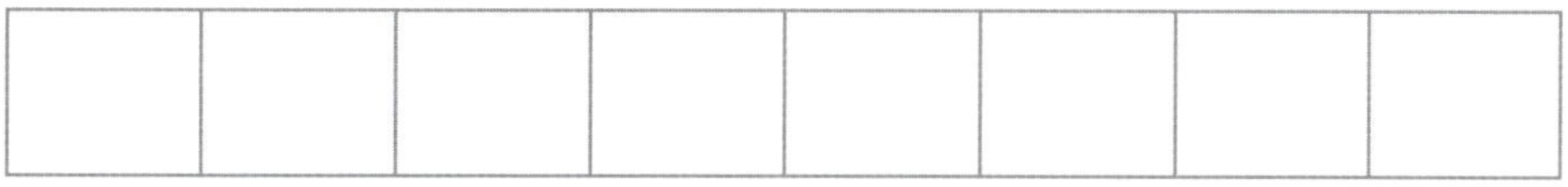

$\frac{1}{8}$

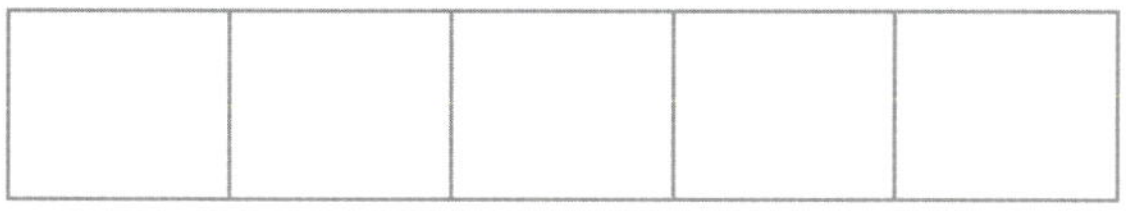

$\frac{1}{5}$

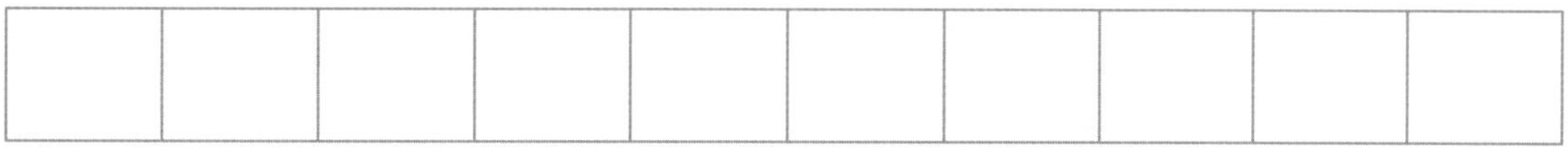

$\frac{1}{10}$

2 Para saber que tipo de suco as crianças preferem, foi feita uma pesquisa na escola em que Sabrina estuda. Cada aluno poderia escolher apenas um tipo de suco. Pinte o gráfico de acordo com a legenda.

$\frac{1}{2}$ suco de laranja

$\frac{1}{4}$ suco de melancia

$\frac{1}{8}$ suco de melão

$\frac{1}{8}$ suco de outras frutas

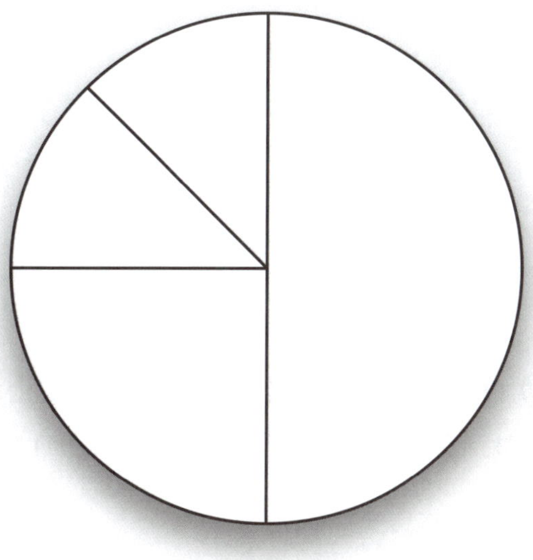

- Segundo a pesquisa, qual é o suco preferido da maioria dos alunos da escola?

....

Ler, refletir e resolver

1. Tenho R$ 288,00. Vou gastar a metade dessa quantia para comprar um *videogame*. Qual é o preço do *videogame*?

2. Ivo Mateus tem 144 figurinhas. Renato tem $\frac{1}{4}$ dessa quantidade. Quantas figurinhas tem Renato?

3. O pai de Carla tem 39 anos. Ela tem a terça parte da idade de seu pai. Quantos anos Carla tem?

Matemática e diversão

Receita com arte

Veja como é fácil preparar estas receitas em formato de bichinhos:

Peixe

Ingredientes:

- 1 triângulo de melancia (cabeça)
- 1 *kiwi* cortado em rodelas (corpo)
- 4 triângulos de melão (rabo e nadadeira)
- 1 cravo (olho)

Fotos: Mário Rodrigues/Editora Abril

Modo de fazer:

Ajeite o triângulo de melancia no prato.

Monte o corpo com rodelas de *kiwi* sobrepostas. Complete com o rabo e a nadadeira. Ponha um cravo como olho e faça um corte na melancia (boca).

Borboleta

Ingredientes:

- maçã vermelha (asas)
- 1 tira de manga (antena e corpo)
- balas de goma (enfeite das asas)
- cereja em calda (boca)
- confeitos coloridos (asas, olhos e nariz)
- granulado colorido para decorar

Modo de fazer:

Corte a maçã ao meio e, no centro, coloque a manga.

Nas asas, coloque as balas de goma, cortadas em rodelas, e alguns confeitos. Ponha as antenas, feitas de manga, e monte a carinha com confeitos (olhos) e cereja (boca).

Revista Veja Kid+. Abril Jovem, ano 1, n. 2, 2. ed.

Capítulo 9

Medidas de tempo

Antigamente as pessoas não precisavam medir o tempo com grande exatidão. Só contavam dias e noites e observavam as estações do ano para saber a época de plantar.

Hoje em dia, há várias situações em que precisamos medir o tempo.

Ilustrações: Ilustra Cartoon/Arquivo da editora

Como é que você passa as horas de seu dia?

Quando não há aula, como você passa as horas desse dia?

Noções de hora e minuto

O relógio é o instrumento mais usado para medir o tempo.

Observe o relógio abaixo. Ele tem dois ponteiros: o menor indica as **horas** e o maior, os **minutos**.

Fotos: Sérgio Dotta Jr./Arquivo da editora

O ponteiro maior está apontando para o **12**.

O ponteiro menor está apontando para o **8**.

São 8 horas.

Sempre que o **ponteiro maior** estiver apontando para o número **12**, o relógio estará marcando **horas exatas**.

Observe este outro relógio.

O ponteiro maior está apontando para o **6**.

O ponteiro menor está entre o **9** e o **10**.

São 9 horas e meia.

Sempre que o **ponteiro maior** estiver apontando para o número **6**, o relógio estará marcando **meia hora**.

Chegou a sua vez de ler que horas são. Escreva abaixo dos relógios.

Fotos: Sérgio Dotta Jr./The Next

....

Observe o mostrador do relógio.

Cada algarismo do relógio corresponde a um número de minutos contados de 5 em 5.

O ponteiro menor está apontando para o número 3 (indica as horas).

O ponteiro maior está apontando para o número 2 (indica os minutos).

São 3 horas e 10 minutos.

Continue a ver as horas!

São 5 horas e 35 minutos

São 8 horas e 25 minutos.

O mostrador do relógio está dividido em 60 partes iguais. Cada uma dessas partes corresponde a 1 minuto.

Uma hora tem **60 minutos**.

Meia hora tem **30 minutos**. — $60 \div 2 = 30$

Um quarto de hora tem **15 minutos**. — $60 \div 4 = 15$

Atividades

1 Que horas são? Escreva ao lado dos relógios.

Fotos: Sérgio Dotta Jr./The Next

....

....

....

....

....

....

....

....

2 Coloque os ponteiros nos relógios para indicar as horas.

11 horas

2 horas e
35 minutos

8 horas e
15 minutos

3 horas e
20 minutos

3 Em média, Rosana dá 10 pulos por minuto, sem errar. Veja as imagens abaixo e diga quantos pulos ela deu.

Ilustrações: Ilustra Cartoon/Arquivo da editora

....

As horas em um relógio digital

Existem relógios que não têm ponteiros. Eles são chamados **relógios digitais**.

Veja como são indicados as horas e os minutos:

São 12 horas.

São 7 horas e 45 minutos.

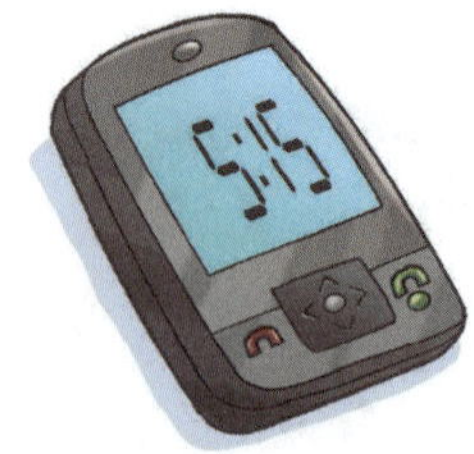

São 5 horas e 15 minutos.

Ilustrações: Ilustra Cartoon/ Arquivo da editora

As horas a partir do meio-dia

A partir do meio-dia, as horas podem ser expressas da seguinte forma:

Sérgio Dotta Jr./The Next

Atividades

1 Observe os relógios e complete o quadro.

Relógios	Antes do meio-dia	Depois do meio-dia
	São	São ....
	São	São ....
	São .... horas.	São .... horas.

Fotos: Sérgio Dotta Jr./The Next

2 Responda às questões desenhando os ponteiros nos relógios.

a) Lúcio vai ao cinema ver um filme que vai passar às 16 horas. Mas antes de ir, ele quer passar na casa de um amigo para convidá-lo. Por isso deve sair de casa 2 horas e 30 minutos antes da sessão. A que horas ele deve sair?

b) Fabiana entra na escola às 7 horas. Ela sai de casa todos os dias meia hora antes. A que horas Fabiana sai de casa?

c) O pai de Eduardo tem 1 hora e 30 minutos de almoço. Se ele sair para comer às 13 horas, a que horas deverá retornar ao trabalho?

MW Editora Ilustrações Ltda./ Arquivo da editora

3 Que relógios marcam a mesma hora? Relacione as colunas.

1 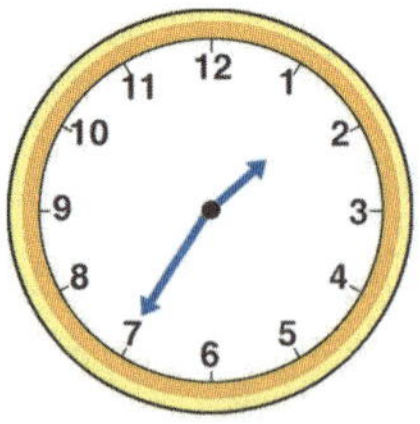

( ) 

2 

( ) 

3 

( ) 

4 

( ) 

5 

( ) 

4 Coloque os ponteiros nos relógios para indicar a mesma hora.

Ilustrações: MW Editora Ilustrações Ltda./Arquivo da editora

Saiba mais

As horas sertanejas

Os sertanejos do Nordeste brasileiro têm sua maneira de dizer as horas, as mesmas dos relógios, mas de um jeito diferente. Esses nomes das horas têm relação com as atividades do dia, com o cantar do galo, mas também lembram que os relógios são construídos a partir dos movimentos aparentes do Sol no céu.

1 hora	primeiro cantar do galo
2 horas	segundo cantar do galo
3 horas	madrugada alta ou fim da madrugada
4 horas	madrugadinha ou amiudar do galo
5 horas	quebrar da barra ou amanhecer
6 horas	sol de fora
7 horas	uma braça de sol
8 horas	sol alto
9 horas	hora do almoço
10 horas	almoço tarde
11 horas	perto do meio-dia
12 horas	pino do sol
13 horas	pender ou descambar do sol
14 horas	viração da tarde ou refrescar
15 horas	tarde cedo
16 horas	tardinha
17 horas	roda do sol se pôr
18 horas	pôr do sol ou sol se pôr
19 horas	noitinha, aos cafuis ou hora de raposa
20 horas	boca da noite
21 horas	tarde da noite ou noite velha
22 horas	hora de visagem
23 horas	perto da meia-noite
24 horas	meia-noite

Ciência Hoje na Escola, 7: Tempo e Espaço. Rio de Janeiro: Ciência Hoje. Elaborado pela Sociedade Brasileira para o Progresso da Ciência.

Outras medidas de tempo

Dia, mês, ano, semana e quinzena também são medidas de tempo.

> O dia tem 24 horas.
> A semana tem 7 dias.
> A quinzena tem 15 dias.
> O mês tem 30 ou 31 dias.
> O bimestre tem 2 meses.
> O trimestre tem 3 meses.
> O semestre tem 6 meses.
> O ano tem 12 meses ou 365 dias.

Dmytro Vietrov/Shutterstock/Glow Images

Os dias da semana são:

> domingo
> segunda-feira
> terça-feira
> quarta-feira
> quinta-feira
> sexta-feira
> sábado

Os meses do ano são:

Meses	Dias	Meses	Dias
janeiro	31	julho	31
fevereiro	28 ou 29	agosto	31
março	31	setembro	30
abril	30	outubro	31
maio	31	novembro	30
junho	30	dezembro	31

Atividades

1 Marque no quadro abaixo o dia, o mês, o ano e a hora de seu nascimento. Depois leia para os colegas de classe.

Dia	Mês	Ano	Hora

2 Registre o horário e o dia da semana de seu programa de televisão preferido.

Horário	Dia da semana	Nome do programa

3 Ligue corretamente os quadros da esquerda aos da direita.

um dia	60 minutos
uma semana	24 horas
um ano	365 dias
uma hora	7 dias

4 Complete.

a) O sétimo mês do ano é ....

b) O último mês do ano é ....

c) O primeiro mês do ano é ....

5 Escreva o nome do mês em que comemoramos as seguintes datas:

Seu aniversário .... Dia dos Pais ....

Dia das Mães .... Dia das Crianças ....

6 Observe um calendário deste ano e responda às questões.

a) Em que ano estamos? ....

b) Em que mês estamos? ....

c) Quantas semanas completas há neste mês? ....

d) Em qual dia da semana o mês começou? ....

7 O gráfico mostra as vendas de uma sorveteria nos 3 primeiros meses do ano. Observe-o e responda às questões.

Venda de sorvete no primeiro trimestre

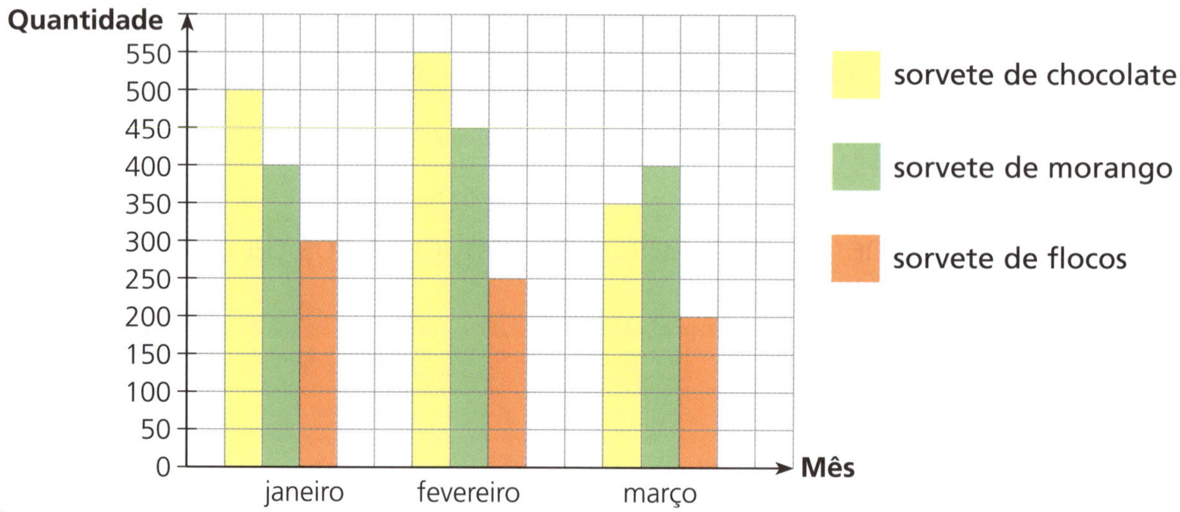

a) Em que mês a sorveteria vendeu menos sorvetes de chocolate?

....

b) Em relação ao mês de fevereiro, quantos sorvetes de morango foram vendidos a menos em março? ....

c) Em que mês foram vendidos mais sorvetes de chocolate?

....

d) Em que mês a sorveteria vendeu mais sorvetes de flocos? ....

e) No total, quantos sorvetes foram vendidos nos 3 meses? ....

f) Se o sorvete de flocos custa R$ 2,00, quanto foi arrecadado com essa venda no mês de fevereiro? ....

Matemática e diversão

De quem são os aniversários?

Siga as pistas e complete o quadro.

Air Images/Shutterstock/Glow Images

Ricardo

Picturepartners/Shutterstock/Glow Images

Eliane

Wizdata1/Shutterstock/Glow Images

Paulo

Jaren Jai Wicklund/Shutterstock/Glow Images

Débora

Iconogenic/Shutterstock/Glow Images

Carla

- 23 de maio ....
- 28 de agosto ....
- 25 de setembro ....
- 22 de novembro ....
- 20 de dezembro ....

O tema é...

Água no planeta

sl_photo/Shutterstock/Glow Images

O planeta Terra é formado por $\frac{3}{4}$ de água (doce e salgada) e apenas $\frac{1}{4}$ de terra (continentes e ilhas). Fica bem mais fácil entender isso olhando no globo terrestre: toda a parte em azul representa a água, enquanto a parte em marrom representa a terra.

Vamos imaginar que toda a água do mundo coubesse numa garrafa de 1 litro. Se tirássemos toda a água salgada, a porção de água doce seria suficiente apenas para encher um copinho de café. Só que a porção de água doce disponível para consumo direto não representa mais do que algumas gotinhas retiradas deste copinho. Pouco, não é? A água apropriada para o consumo humano é a doce. E ela representa apenas 2,5% do total de águas do mundo (os outros 97,5% são água salgada, disposta em mares e oceanos). A distribuição da água doce do planeta se dá dessa maneira: 0,3% nos rios e lagos; 68,9% nos polos, geleiras e *icebergs*; 29,9% em leitos subterrâneos; 0,9% outros.

Ilustra Cartoon/Arquivo da editora

A água doce disponível no planeta se apresenta cada vez mais insuficiente para matar a sede da humanidade. Os brasileiros até que são privilegiados, já que detêm em seu território 13,7% da água doce do mundo. Desse total, 80% estão nos rios da Amazônia. São Paulo abriga 1,6% de toda essa fatia brasileira.

Disponível em: <http://site.sabesp.com.br/site/interna/Default.aspx?secaoId=97>. Acesso em: 15 dez. 2014.

Ilustra Cartoon/Arquivo da editora

Se toda água existente no Brasil fosse colocada em um barril, a parte que cabe ao estado de São Paulo seria uma colher.

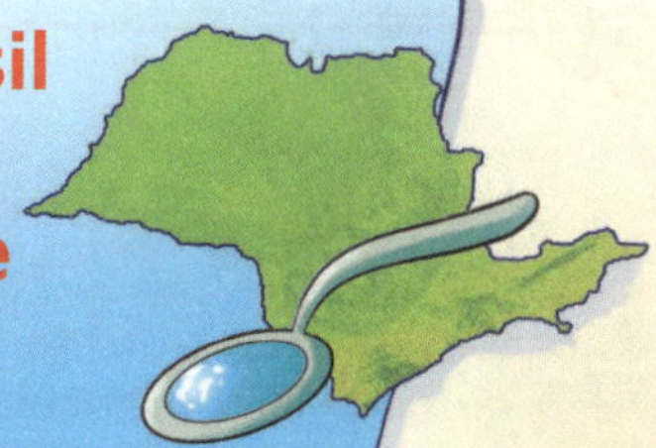

Leia o texto com o seu professor, prestando atenção às frações de água doce e de terra do planeta.

Observe também a relação entre a água doce e a água salgada do planeta. Tendo em vista que a escassez da água tem se tornado um problema constante, o que essa relação pode dizer?

Há muitos dados envolvendo porcentagens (%) que significam "de cada cem...".

Vamos simplificar essa parte do texto, inserindo os dados a seguir.

De cada 100 litros de água:

2,5	são apropriados para o consumo humano
97,5	são água salgada
0,3	está nos rios e lagos
	estão nos polos, geleiras e *icebergs*
	estão em leitos subterrâneos
	outros
	da água doce do mundo se encontra no Brasil
	da água brasileira estão na Amazônia
	da água brasileira está em São Paulo

Diante dessa situação, você pode perceber que a água doce utilizável pelo ser humano no planeta é escassa. O desperdício, a poluição, entre outros fatores, tornam o problema ainda mais sério.

Converse com os colegas sobre o que vocês e todos os habitantes da Terra podem fazer para melhorar isso.

Capítulo 10

Medidas de comprimento

Ilustra Cartoon/Arquivo da editora

Você conhece as medidas de seu corpo?

Você acha que essas medidas vão mudar com o tempo? Por quê?

Unidade fundamental: o metro

Antigamente, para medir **comprimento**, o ser humano usava partes de seu corpo:

Ilustrações: Ilustra Cartoon/Arquivo da editora

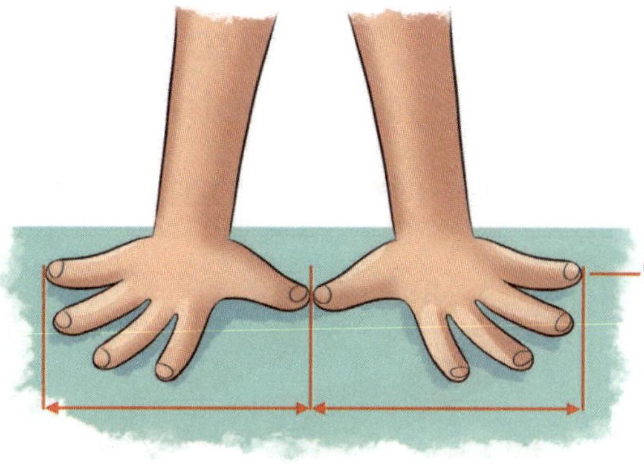

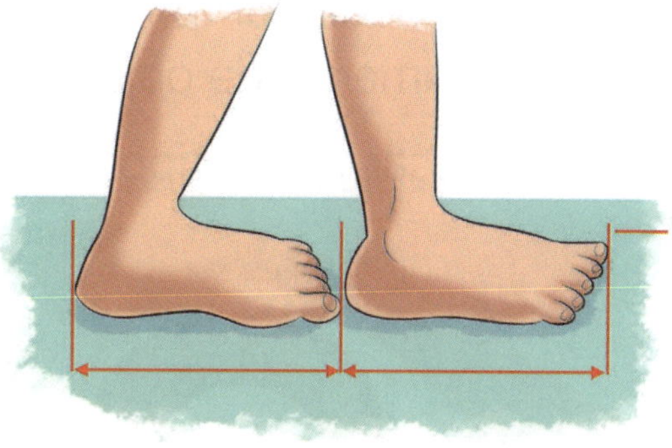

Vamos medir alguns objetos para você entender melhor?

1 Meça os comprimentos pedidos usando seu palmo e anote:

a) Sua carteira, na sala de aula, tem .... palmos.

b) Seu livro de Matemática tem .... palmos.

- Você e seus colegas encontraram o mesmo número de palmos?

◯ sim ◯ não

2 Meça o comprimento de sua sala de aula usando seu pé e anote:

Minha sala tem .... pés.

- Compare novamente sua resposta com a de seus colegas. As respostas são iguais?

◯ sim ◯ não

Você provavelmente assinalou "não" nas respostas, porque, como as pessoas têm tamanhos diferentes, as medidas que elas obtêm usando as partes do corpo apresentam diferenças.

Seu pé pode ser maior, menor ou igual aos pés de seus colegas. Você pode comprovar isso observando a numeração dos sapatos que calçam.

Como você viu, ao medir usando partes do corpo (palmo, pé) podem surgir diferenças. Então, para adotar uma forma de medida que não apresentasse essas diferenças, os seres humanos escolheram unidades fundamentais.

Hoje, para medir comprimentos, usamos o metro. O **metro** serve para medir o comprimento de objetos, pessoas e animais, entre outras coisas.

Podemos usar vários tipos de instrumentos para medir comprimentos:

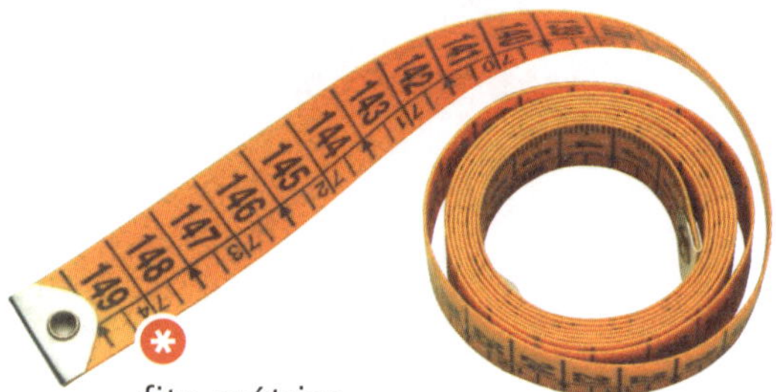
Dynamic Graphics
fita métrica

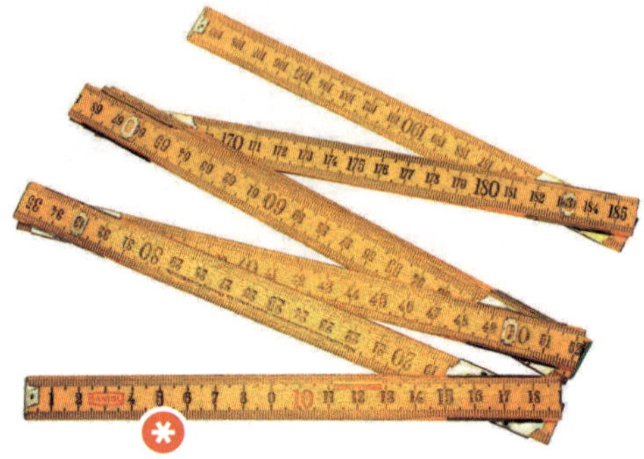
Alexandre Dotta/The Next
metro articulado

Dynamic Graphics
trena

Rubens Chaves
metro rígido

O metro está dividido em 100 partes iguais.
Cada parte corresponde a 1 centímetro.
Portanto, 1 metro é igual a 100 cm.
A abreviatura de metro é **m**.
A abreviatura de centímetro é **cm**.

Para medir grandes distâncias, como as de estradas e ruas, usamos o **quilômetro**.

Um quilômetro é igual a 1 000 metros.
A abreviatura de quilômetro é **km**.

Atividades

1 Circule o que compramos em metro.

Vinicius Tupinamba/Shutterstock/Glowimages

Robert Fried/Alamy/Other Images

H. Brauer/Shutterstock/Glowimages

Ian Francis/Alamy/Other Images

2 Um dos instrumentos usados para medir comprimentos é a régua. As que usamos na escola geralmente têm 30 centímetros. Com a régua, meça a carteira que você usa na sala de aula e anote:

- comprimento: .... cm
- largura: .... cm

Ilustrações: Ilustra Cartoon/Arquivo da editora

3 Seu caderno tem comprimento, largura e altura.

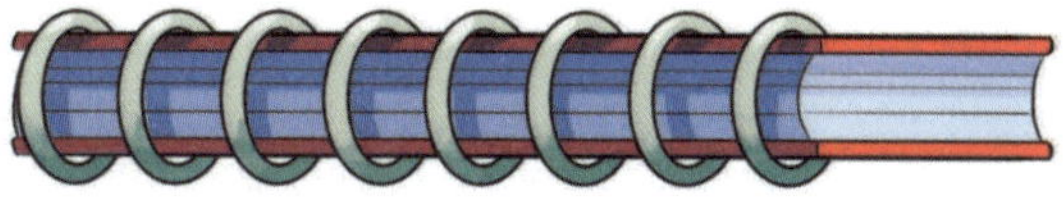

- Usando a régua, meça seu caderno e anote:

a) o comprimento: ....

b) a largura: ....

c) a altura: ....

4 Qual é a unidade de medida mais adequada para cada caso? Ligue corretamente.

Medir uma avenida.

Medir a lousa da sala de aula.

Ilustrações: Ilustra Cartoon/ Arquivo da editora

Medir um celular.

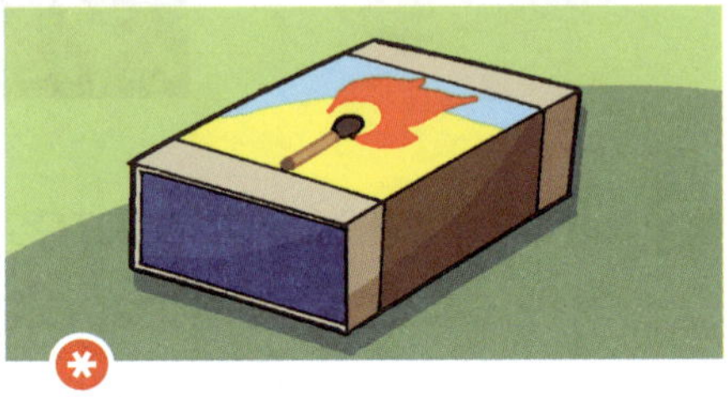

Medir os lados de uma caixa de fósforo.

metro

centímetro

quilômetro

5 A professora de Educação Física mediu a altura de alguns alunos do 3º ano e anotou tudo em um quadro. Observe ao lado a altura de alguns deles.

Aluno	Altura
Marta	125 cm
Guilherme	130 cm
André	128 cm
Luana	129 cm
Tiago	131 cm
Marcela	127 cm

a) Escreva os nomes dos alunos por ordem crescente de altura.

....

....

....

....

b) Quantos centímetros André tem a mais que Marcela? ....

c) Quem tem a menor altura? ....

d) Quem é o mais alto? Qual é a altura dele? ....

e) Quantos centímetros André tem a menos que Tiago? ....

6 Observe:

Média de altura da seleção brasileira masculina de vôlei em diferentes olimpíadas

1964	1980	1988	2004
1,83 metro	1,90 metro	1,92 metro	1,94 metro

Informações extraídas da revista **Veja**. São Paulo: Abril, ano 37, n. 33, ago. 2004, p. 34. (Edição especial – Veja 1866).

Em 1964, a média de altura da seleção brasileira masculina de vôlei era de .... centímetros. Quarenta anos depois, em quantos centímetros aumentou a altura média dos jogadores?

....

7 Os "sanduíches de metro" são vendidos em algumas padarias e lanchonetes para festas e outros eventos. Em sua opinião, por que eles recebem esse nome?

....

....

Ler, refletir e resolver

1. Para enfeitar uma toalha, Irene usou 4 metros de renda. Se o metro da renda custa R$ 1,50, quanto Irene gastou?

   Resposta: ....

2. Para fazer uma colcha, Rosana comprou a terça parte de uma peça de cetim de 45 metros. Se o metro de cetim custa R$ 6,00, quanto Rosana gastou?

   Resposta: ....

3. Uma confecção comprou 5 rolos de tecido com 60 metros cada um. Já foram utilizados 135 metros para costurar camisas e os restantes serão utilizados para fabricar calças. Quantos metros de tecido serão usados para confeccionar as calças?

   Resposta: ....

Saiba mais

Menor macaco do Brasil

O menor macaco já encontrado é o sagui-leãozinho. Ele vive na Amazônia e tem uns 11 centímetros, que é mais ou menos o tamanho de uma escova de dentes.

Revista **Recreio**. São Paulo: Abril, ano 1, n. 51, mar. 2001, p. 5. (Texto adaptado)

Jardurai Simões/Arquivo da editora

Capítulo 11 Medidas de massa

OED

Você já aprendeu que, no decorrer do tempo, o ser humano sentiu necessidade de medir comprimentos, inicialmente com medidas não convencionais, como o palmo e o pé, e mais tarde com unidades-padrão, como o metro.

Medir a massa de um corpo, popularmente chamada **peso**, também se tornou importante.

Unidade fundamental: o grama

A unidade fundamental para medir massa é o **grama**.

Também usamos o **quilograma** para determinar a massa de pessoas, animais e mercadorias, entre outras coisas.

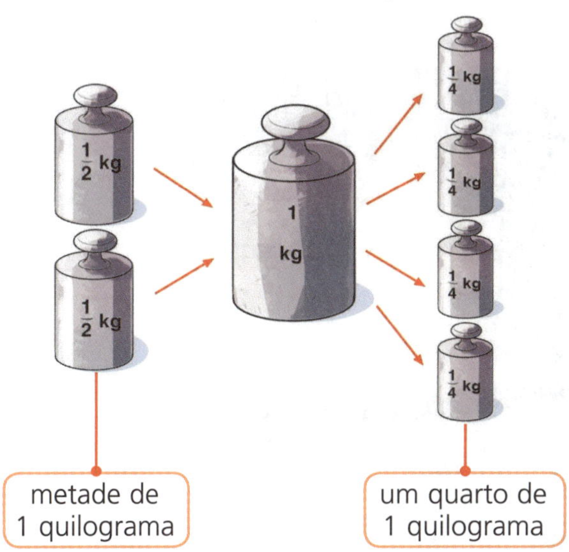

A abreviatura do grama é **g**.
A abreviatura do quilograma é **kg**.
Um quilograma é igual a 1 000 gramas.
1 kg = 1 000 g.
Meio quilograma é igual a 500 gramas.
$\frac{1}{2}$ kg = 500 g.
A quarta parte de um quilograma é igual a 250 gramas.
$\frac{1}{4}$ kg = 250 g.

Balanças

O instrumento usado para pesar é a **balança**.

Há vários tipos de balança. Veja alguns:

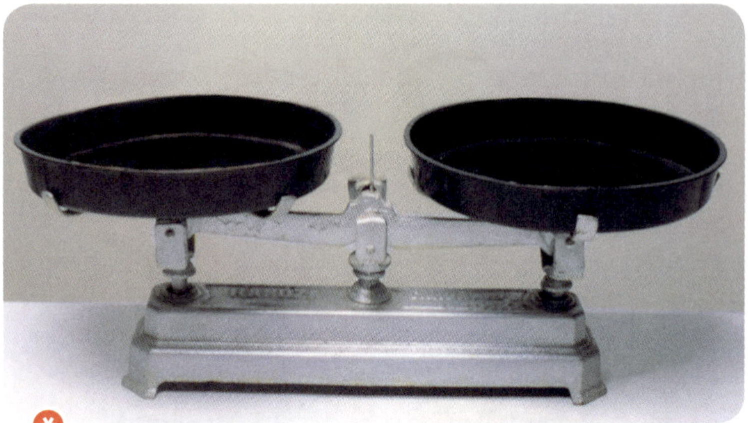

Sérgio Dotta Jr./The Next

A balança de pratos era muito comum antigamente.

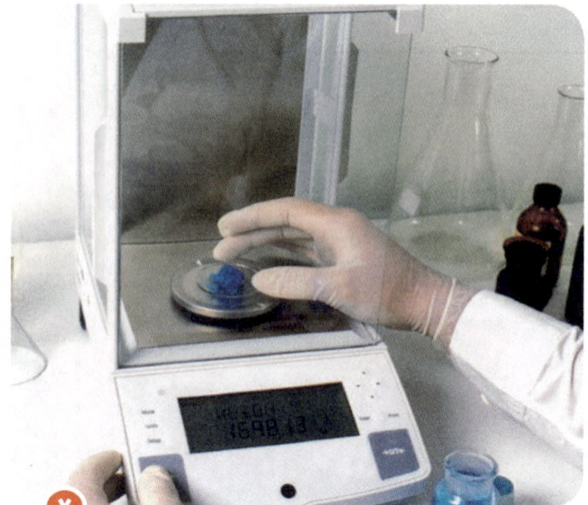

Sérgio Dotta Jr./The Next

Balança de precisão. Pesa ouro e pequenas quantidades de substâncias.

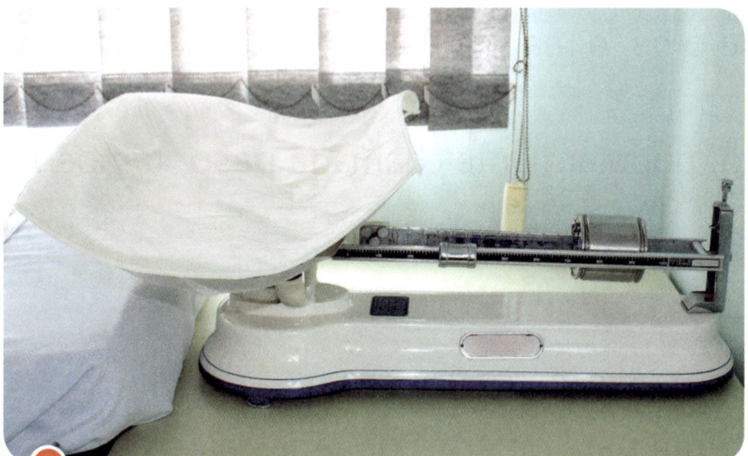

Sérgio Dotta Jr./The Next

Balança encontrada em postos de saúde e consultórios para pesar bebês.

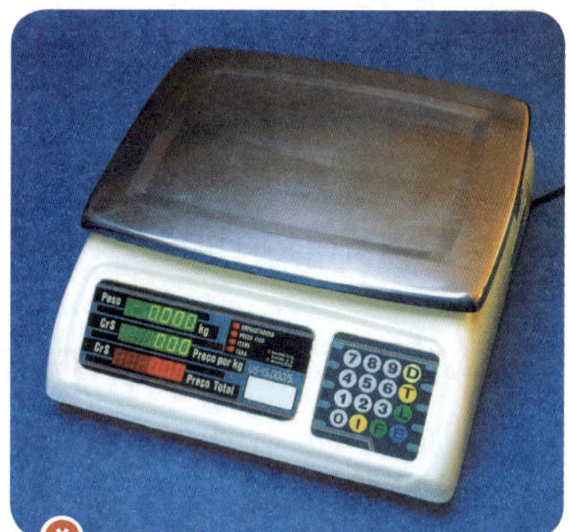

Alexandre Dotta/The Next

Balança digital, muito utilizada em supermercados.

Delfim Martins/Pulsar Imagens

Báscula. Balança usada para pesar caminhões.

Atividades

1 Faça um **X** nos produtos que costumamos comprar em gramas ou quilogramas.

Maks Narodenko/Shutterstock/Glow Images

Sergio Stakhnyk/Shutterstock/Glow Images

Gresei/Shutterstock/Glow Images

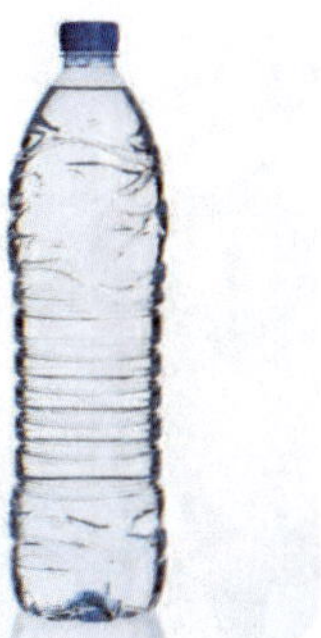

Mates/Shutterstock/Glow Images

Paulo Manzi/Arquivo da editora

Stable/Shutterstock/Glow Images

2 Recorte rótulos ou figuras de produtos comprados em gramas e cole-os abaixo.

3 Observe os produtos que Juliana comprou e complete as lacunas.

a) Juliana comprou .... gramas de café ou .... quilograma.

b) Ela também comprou meio quilo de ....

Ilustrações: Ilustra Cartoon/Arquivo da editora

4 Qual é a massa aproximada? Assinale com um **X** a melhor opção para cada caso.

Ewan Chesser/Shutterstock/Glowimages

( ) 5 kg ( ) 50 kg ( ) 500 kg

Alexia Khruscheva/Shutterstock/Glowimages

( ) 4 kg ( ) 40 kg ( ) 400 kg

Valery Kraynov/Shutterstock/Glowimages

( ) 3 kg ( ) 30 kg ( ) 300 kg

iDesign/Shutterstock/Glowimages

( ) 15 g ( ) 1500 g ( ) 15 kg

5 Letícia pesa 25 kg. Quantos quilos pesa Cláudia?

Ilustrações: Ilustra Cartoon/Arquivo da editora

Cláudia pesa .... kg.

a) Natasha se juntou às suas amigas. Qual é o peso de Natasha?

Natasha pesa .... kg.

b) Agora veja Renato na balança com Letícia. Quanto pesa Renato?

Renato pesa .... kg.

6 Quem pesa mais? O gato ou o cãozinho?

....

Ler, refletir e resolver

- Toda semana, o supermercado Compre Aqui divulga suas ofertas.

Ilustra Cartoon/Arquivo da editora

1 Observe o folheto e responda:

a) Qual é o produto mais barato? ....

b) Qual é o produto mais caro? ....

c) Marta tem R$ 15,00. Ela precisa comprar 5 kg de arroz e 2 dúzias de ovos. Que outro produto ela poderá escolher para completar os R$ 15,00? ....

d) Se Marta comprasse uma unidade de todos os produtos que custam menos de R$ 2,00, quanto gastaria? ....

2 Salete levou R$ 10,00 para fazer compras no supermercado Compre Aqui. Veja o que ela colocou no carrinho.

Ilustra Cartoon/Arquivo da editora

a) A quantia que Salete possui será suficiente para pagar todas as compras? Sobrará ou faltará dinheiro? Quanto?

Resposta: ....

b) Salete retirou do carrinho o produto de menor valor para poder pagar as compras. Que produto Salete deixou de levar?

....

3 Rafael tem um restaurante. Aproveitando as ofertas do supermercado Compre Aqui, ele comprou 20 quilos de arroz e 5 quilos de feijão. Quanto ele gastou?

Resposta: ....

4 Daniel colheu em seu sítio 80 quilos de feijão. Ele vai armazená-lo em 4 sacos iguais. Quanto quilos Daniel colocará em cada saco?

Resposta: ....

5 Guilherme mora no quinto andar de um prédio. A carga máxima que o elevador pode transportar é 350 quilos por vez. No dia de seu aniversário, formou-se uma grande fila de convidados. Observe.

Ilustra Cartoon/Arquivo da editora

a) Todos os convidados poderão tomar o elevador de uma só vez? Justifique.

Resposta: ....

....

b) Quantas viagens serão necessárias para levar os convidados?

....

6 Dilma precisa ir à feira para comprar algumas frutas, verduras e legumes para sua família.

Ilustra Cartoon/Arquivo da editora

- Agora responda às questões.

a) Quanto Dilma gastará se comprar 1 quilo de cada fruta?

....

b) E se comprar 1 quilo de cada legume?

....

c) Se Dilma tivesse apenas R$ 15,00, quais frutas e legumes poderia comprar e em que quantidade?

....

....

Matemática e diversão

Bolão dos animais

Você sabe qual é a massa de uma arara? E a de um jacaré? No quadro abaixo, marque um **X** no animal mais pesado em cada comparação.

Depois, o professor colocará na lousa a massa aproximada de cada animal, para que todos confiram as respostas.

anta			ariranha
anta			mico-leão-dourado
anta			bicho-preguiça
anta			peixe-boi
anta			arara-azul
ariranha			mico-leão-dourado
ariranha			bicho-preguiça
ariranha			peixe-boi
ariranha			arara-azul
mico-leão-dourado			bicho-preguiça
mico-leão-dourado			peixe-boi
mico-leão-dourado			arara-azul
bicho-preguiça			peixe-boi
bicho-preguiça			arara-azul
peixe-boi			arara-azul

Todos os animais que você vê abaixo pertencem à fauna brasileira. Você sabia que todos eles estão ameaçados de extinção?

Para medir o quanto um animal está ameaçado, existe uma classificação usada internacionalmente:

pouco preocupante LC	não ameaçado NT	vulnerável VU	ameaçado EN	criticamente ameaçado CR	extinto na natureza EW	extinto EX

Eric Gevaert/Shutterstock/Glowimages

Mico-leão-dourado
(*Leontopithecus rosalia*)
Habitat: Mata Atlântica (especialmente no Rio de Janeiro) Principal ameaça: desmatamento

André Seale/Pulsar Imagens

Peixe-boi-da-amazônia
(*Trichechus inunguis*)
Habitat: Amazônia
Principais ameaças: caça para alimentação e acidentes com pescadores

Ricardo Azoury/Pulsar Imagens

Preguiça-de-coleira
(*Bradypus torquatus*)
Habitat: Mata Atlântica (especialmente na Bahia e no Espírito Santo)
Principal ameaça: desmatamento

Mauricio Simonetti/Pulsar Imagens

Anta-brasileira
(*Tapirus terrestris*)
Habitat: diversos biomas brasileiros (exceto Caatinga e Campos sulinos)
Principais ameaças: caça e desmatamento

Christian Musat/Shutterstock/Glowimages

Arara-azul-grande
(*Anodorhynchus hyacinthinus*)
Habitat: Amazônia (especialmente no Pará), Cerrado (especialmente em Goiás) e Pantanal (especialmente no Mato Grosso do Sul). Principal ameaça: comércio ilegal

Mary Ann McDonald/Corbis/Latinstock

Ariranha
(*Pteronura brasiliensis*)
Habitat: Amazônia, Cerrado, Pantanal e Mata Atlântica
Principais ameaças: poluição das águas e caça

Capítulo 12

Medidas de capacidade

Unidade fundamental: o litro

Veja estes produtos:

Ilustrações: Ilustra Cartoon/Arquivo da editora

Quais são sólidos e quais são líquidos?

Normalmente, as quantidades dos produtos sólidos são indicadas por sua massa em gramas ou quilogramas.

Em geral, o **volume** de um líquido é medido em **mililitros** ou **litros**.

> 1 mililitro → 1 mL
> 1 litro → 1 L
> 1 000 mililitros formam 1 litro:
> 1 000 mL = 1 L

Atividades

1 Circule o que compramos em litros ou mililitros.

Ilustrações: Ilustra Cartoon/Arquivo da editora

2 Circule os recipientes com capacidade menor que 1 litro.

Shutterstock/Imageplus

Fotoline/Shutterstock/Imageplus

Laureni Fochetto

MjP/ingimages/Other Images

ingimages/Other Images

Sérgio Dotta Jr./The Next

3 Uma caixinha de suco de maracujá de 200 mL custa R$ 1,30. O mesmo suco na caixa de 1 L custa R$ 5,00. O que é mais vantajoso comprar? Por quê?

Resposta: ....

4 Com 1 litro de suco, é possível encher 4 dos copos ao lado:

Se tivermos 3 litros de suco, quantos copos iguais a esses podemos encher?

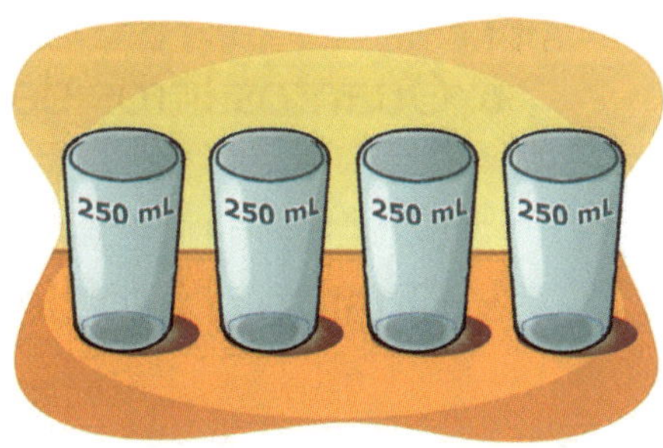

....

5 Observe o gráfico da produção de leite do sítio do avô de Hugo no último mês.

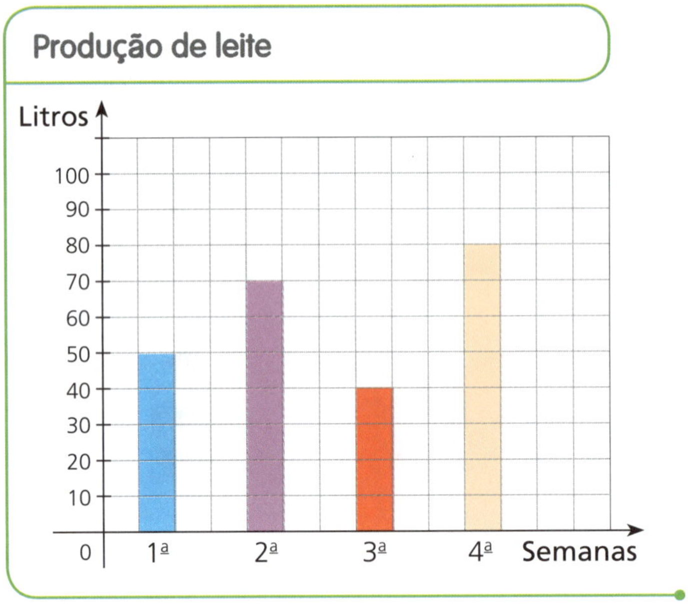

a) Responda às questões.

- Quantos litros de leite foram produzidos na 1ª semana?

....

- Em qual semana foram produzidos menos litros de leite?

....

- Em qual semana foram produzidos mais litros de leite?

....

- Quantos litros de leite foram produzidos durante esse mês?

....

b) Da quantidade produzida no mês, $\frac{1}{3}$ do leite foi consumido no sítio e o restante, vendido a R$ 1,00 o litro.

- Quantos litros de leite foram consumidos no sítio?

....

- Quanto o avô de Hugo recebeu pela venda do restante do leite?

....

Ler, refletir e resolver

1. Em um posto são vendidos, em média, 615 litros de gasolina e 235 litros de álcool por dia. Quantos litros são vendidos em uma semana?

Resposta: ....

2. Um comerciante comprou 350 litros de óleo. Esse óleo foi colocado em vasilhas de 5 litros. Quantas vasilhas foram usadas?

Resposta: ....

3. Um elefante pode comer mais de 220 quilos de vegetação e beber mais de 130 litros de água por dia.
Com base nessa informação, responda: quantos litros de água um elefante pode beber em 5 dias?

John Michael Evan Potter/Shutterstock/Glow Images

Resposta: ....

4 Um banho de 14 minutos, com o registro do chuveiro meio aberto, gasta em média 144 litros de água. Quanto poderemos economizar tomando um banho na metade desse tempo?

Resposta: ....

5 Cátia tem uma piscina de 500 litros. Ela está enchendo a piscina com baldes e por enquanto conseguiu colocar 35 baldes de água com capacidade de 10 litros. Quantos litros de água faltam para encher a piscina?

Ilustra Cartoon/Arquivo da editora

Resposta: ....

6 Veja os dados abaixo e depois responda às questões.

Consumo humano de água no mundo (média consumida diariamente)

Canadense	Norte-americano	Japonês	Europeu	Brasileiro	Africano da região subsaariana
até 600 litros	350 litros	350 litros	200 litros	187 litros	até 20 litros

Segundo a Organização Mundial da Saúde, 50 litros por dia é a quantidade ideal de água potável para o bem-estar e a higiene de uma pessoa, mas consumimos mais.

Quanto se gasta de água por dia. Disponível em: <planetasustentavel.abril.com.br/download/stand2-painel5-agua-por-pessoa2.pdf>. Acesso em 20 dez. 2014. (Texto adaptado).

a) No Brasil, consumimos mais ou menos água potável que a média ideal?

....

b) Quanto a mais ou a menos?

....

c) Quantos litros de água o japonês consome a mais que o europeu?

....

Matemática e diversão

Ajude o pajé

Ilustrações: Ilustra Cartoon/Arquivo da editora

O pajé Piatã precisa preparar uma bebida para curar os curumins que se intoxicaram com a água do rio. Ela foi poluída por uma mineradora que fica próxima à aldeia.

Mas uma grande ventania espalhou todas as moringas e cuias com extratos de diversas plantas na aldeia.

Verifique na receita a seguir as quantidades de cada ingrediente.

Bebida desintoxicante

Ingredientes:

500 mL de água de coco
200 mL de suco de couve
1 L de extrato de agrião
150 mL de mel
250 mL de extrato de guaraná

Modo de preparo:

Misture todos os ingredientes em uma cuia de cerâmica. Deixe descansar por um dia. Guarde em uma moringa de cabaça.

Ilustra Cartoon/Arquivo da editora

As crianças ajudaram o pajé a arrumar a aldeia e listaram os ingredientes que encontraram. Veja:

800 mL de água de coco
250 mL de suco de couve
1 L de extrato de agrião
500 mL de mel
300 mL de extrato de guaraná

- Agora responda às perguntas.

a) O pajé Piatã tem ingredientes em quantidade suficiente para preparar a bebida?

( ) sim ( ) não

b) Qual ingrediente há em maior quantidade?

....

c) As crianças acharam o dobro da quantidade necessária de um ingrediente para fazer a receita. Qual é?

....

Ideias em ação

Meio ambiente: consumo de água

Material necessário

- régua
- lápis
- folha do **Caderno de ideias em ação**

Nesta Unidade você estudou as medidas de capacidade. Viu também o problema da escassez de água no planeta.

Agora você vai elaborar um gráfico para registrar algumas atitudes de consumo de água em litros com e sem desperdício.

Considere os dados aproximados da tabela abaixo e use a folha do **Caderno de ideias em ação**.

Estes dados são considerados com a torneira meio aberta.

Banho de 15 minutos	135 L
Banho de 5 minutos	45 L

Ilustrações: Ilustra Cartoon/Arquivo da editora

Escovação dos dentes com torneira aberta	12 L
Escovação dos dentes fechando-se a torneira	4 L

Lavar o rosto em 2 minutos	4 L
Lavar o rosto em 1 minuto	2 L

Ilustrações: Ilustra Cartoon/Arquivo da editora

Descarga em válvulas de 6 segundos de acionamento	12 L
Descarga em válvulas de 3 segundos de acionamento	6 L

O gráfico que você construirá é de colunas e terá o aspecto mostrado a seguir, mas é você quem vai completar os dados.

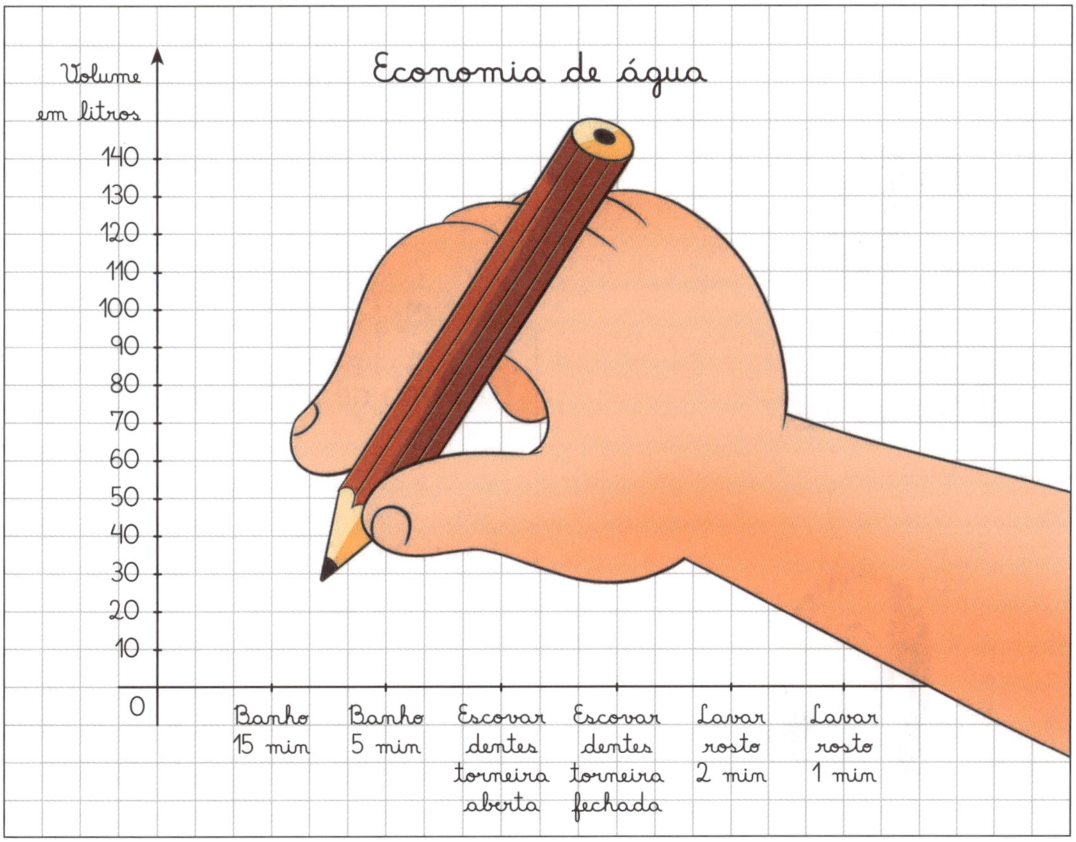

Adição:

Operação que junta as quantidades.

Sérgio Dotta Jr./The Next

Algarismo:

Sinal utilizado parar representar um número. Os algarismos que usamos chamam-se indo-arábicos porque foram criados na Índia e aperfeiçoados pelos árabes.

Deborah Kolb/Shutterstock/Glow Images

Sunabesyou/Shutterstock/Glow Images

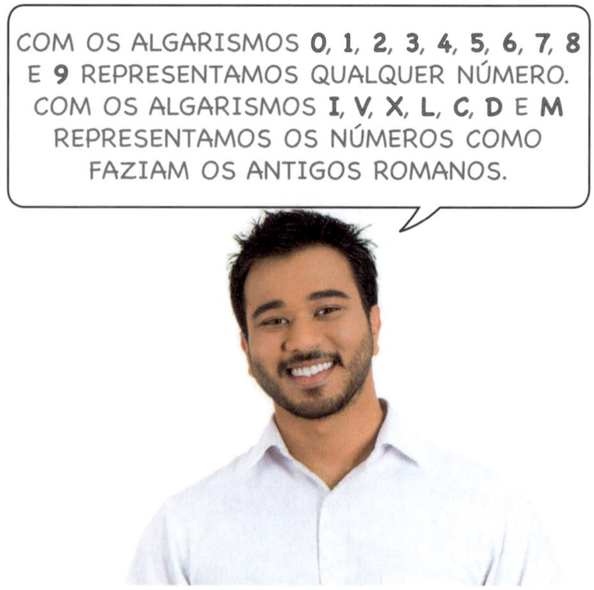

PathDoc/Shutterstock/Glow Images

Centena:

Grupo de 100 unidades.

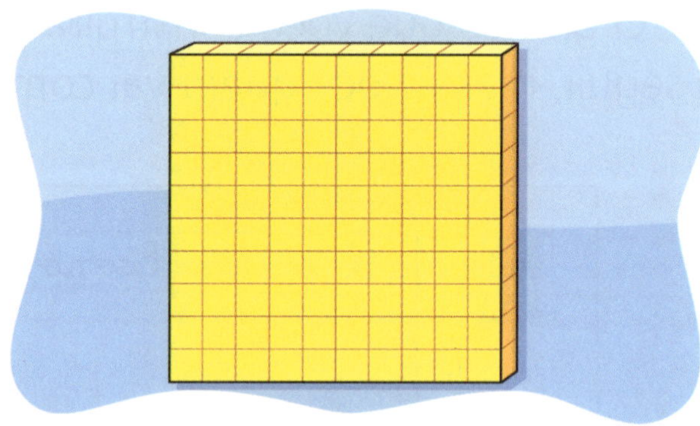

Ilustrações: Ilustra Cartoon/Arquivo da editora

Dezena:

Grupo de 10 unidades.

Divisão:

Operação que separa uma quantidade em partes iguais ou verifica quantas vezes uma quantia cabe em outra.

Separar em partes iguais

$15 \div 3 = 5$

$$\begin{array}{r|l} 15 & 3 \\ \hline 0 & 5 \end{array}$$

Dúzia:

Grupos de 12 unidades.

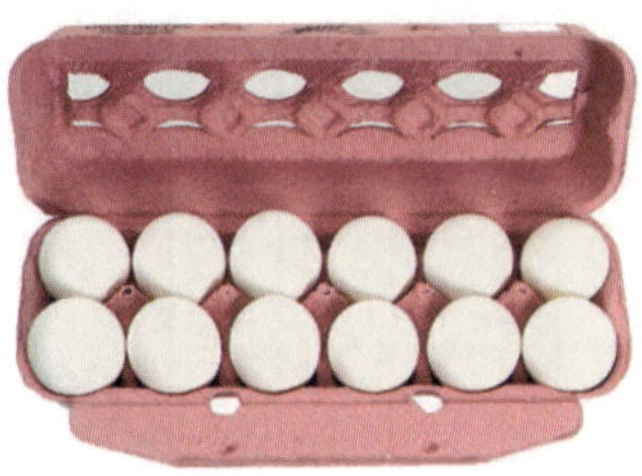

Fernando Favoretto/Arquivo da editora

Fração:

Número que indica uma ou mais partes de um inteiro (uma unidade, um todo) que foi dividido em porções iguais.

Gráfico:

Representação de informações por meio de figuras, facilitando seu entendimento.

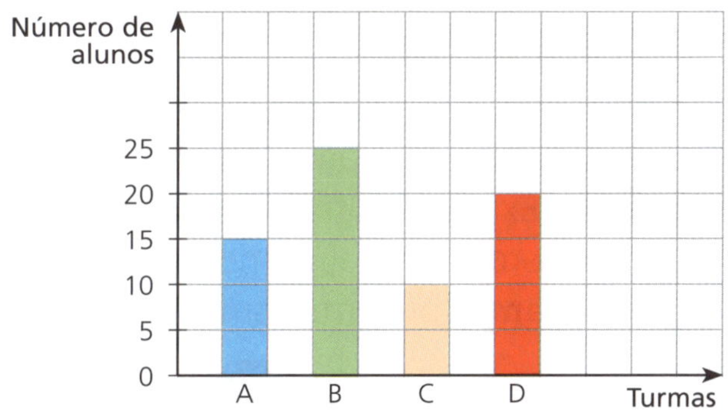

Medidas de capacidade:

Para medir a quantidade de líquido que cabe em um recipiente, usamos uma unidade fundamental chamada **litro**.

Ilustrações: Ilustra Cartoon/Arquivo da editora

Medidas de comprimento:

Para medir comprimentos, usamos uma unidade fundamental chamada **metro**. O metro pode ser dividido em 100 partes iguais. Cada uma dessas partes recebe o nome de **centímetro**.

1 cm → 1 centímetro

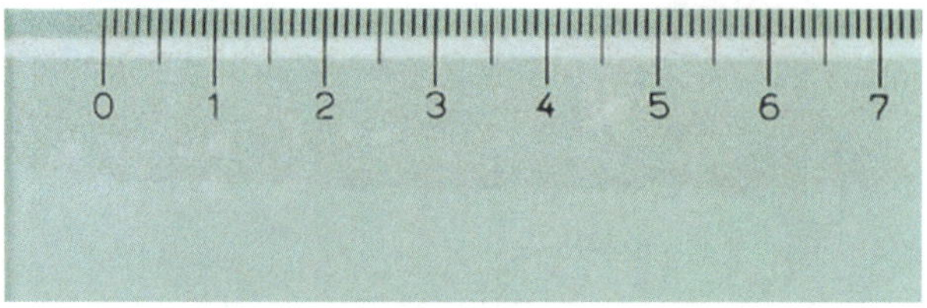

Medidas de massa:

Para medir a massa (peso), utilizamos uma unidade fundamental chamada **grama**. Existem outras unidades derivadas do grama, como o **quilograma** (ou simplesmente quilo).

grama → g

quilograma → kg

1 kg = 1 000 g

Medidas de tempo:

Ano, mês, semana, hora, minuto, segundo.

Ilustrações: Ilustra Cartoon/Arquivo da editora

Milhar:

Grupo de 1000 unidades

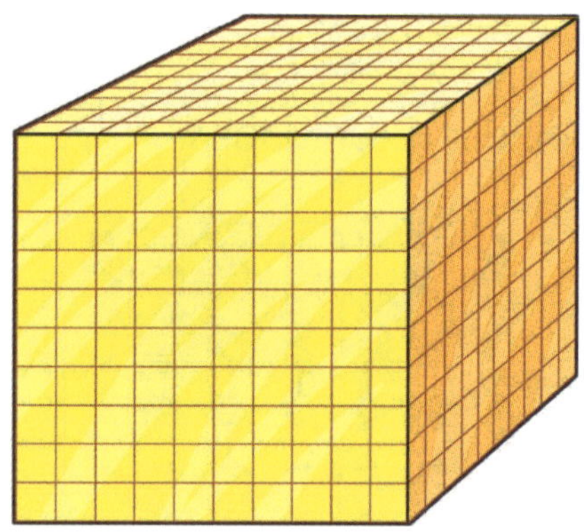

Mosaico:

Painel formado por figuras geométricas, geralmente planas, que se encaixam umas nas outras.

Apdesign/Shutterstock/Glowimages

Multiplicação:

Uma das ideias da operação de multiplicação corresponde a uma adição de parcelas iguais.

Sergio Dotta Jr./The Next

$2 \times 5 = 10$ ou $5 + 5 = 10$

Número:

Ideia matemática associada a uma certa quantidade. Veja:

Ilustrações: Ilustra Cartoon/Arquivo da editora

O número também pode significar uma medida. Observe:

Números ímpares:

Números naturais que indicam quantidades que **não** podem ser organizadas em pares.

sempre resta 1

Números naturais:

Números empregados para realizar contagens.

Iara Venanzi/kino.com.br

Números ordinais:

Números que exprimem ordem.

Números pares:

Números naturais que indicam quantidades que podem ser organizadas em pares.

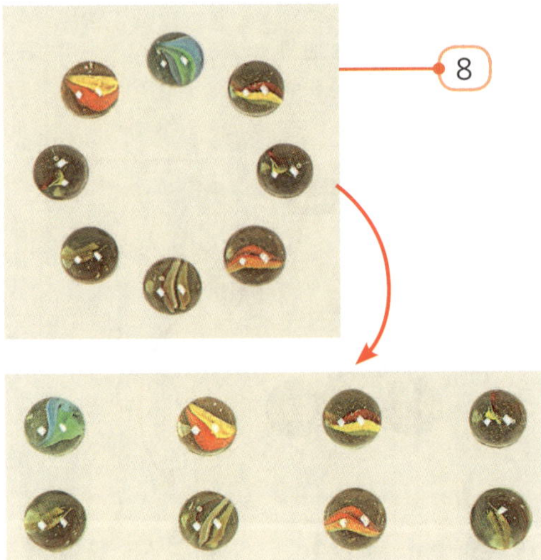

Operações inversas:

Adição e **subtração**: o que a adição faz, a subtração desfaz, e vice-versa.

Multiplicação e **divisão**: o que a multiplicação faz, a divisão desfaz, e vice-versa.

Ordem:

Lugar ocupado por um algarismo em um número.

Ilustrações: Ilustra Cartoon/ Arquivo da editora

58

ordem das dezenas — ordem das unidades

Ordem crescente:

Números dispostos do menor para o maior.

$0 < 1 < 2 < 3 < 4 < 5...$

Ordem decrescente:

Números dispostos do maior para o menor.

$... 5 > 4 > 3 > 2 > 1 > 0$

Polígono:

Linha fechada simples formada apenas por segmentos de reta.

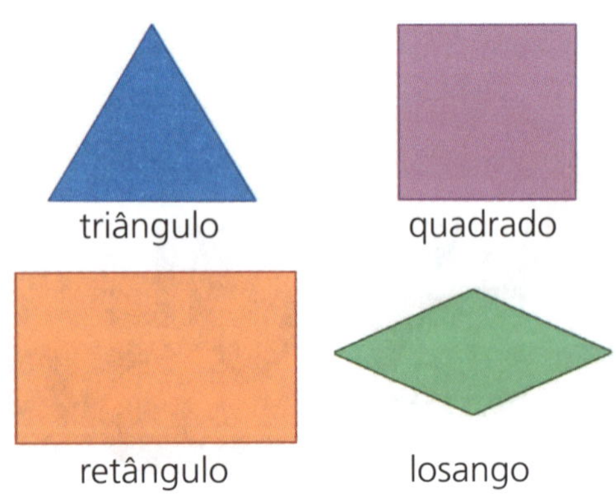

Símbolo:

Sinal gráfico que representa uma ideia matemática.

Símbolo	Significado
$+$	adição
$-$	subtração
$\times$ ou $\cdot$	multiplicação
$\div$ ou $:$	divisão
$=$	igual
$\neq$	diferente
$>$	maior que
$<$	menor que

Os algarismos 0, 1, 2, 3, 4, 5, 6, 7, 8 e 9 são os **símbolos** usados para escrever os números.

Simetria:

Correspondência (na forma) entre duas partes de uma figura em relação a uma linha chamada eixo de simetria. Se dobrarmos a imagem na linha (eixo de simetria), as duas partes se sobrepõem.

Ilustrações: Ilustra Cartoon/Arquivo da editora

Sólidos geométricos:

O cubo, o cilindro, a esfera, o paralelepípedo, o cone e a pirâmide são exemplos de sólidos geométricos.

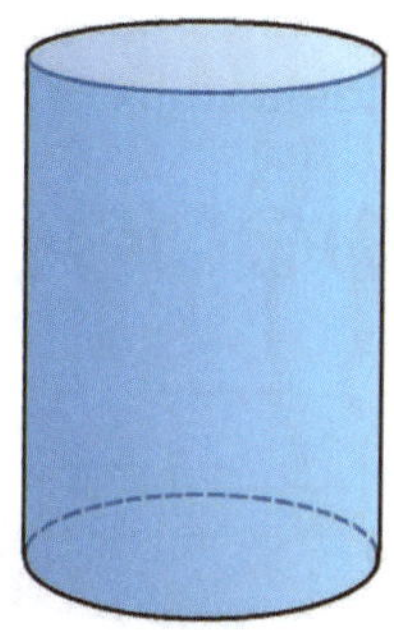

cilindro

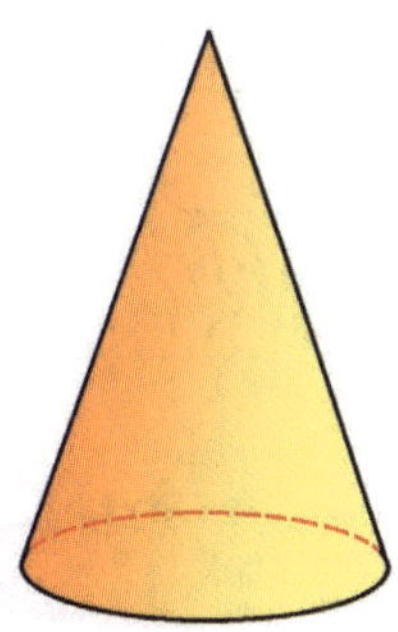

cone

esfera

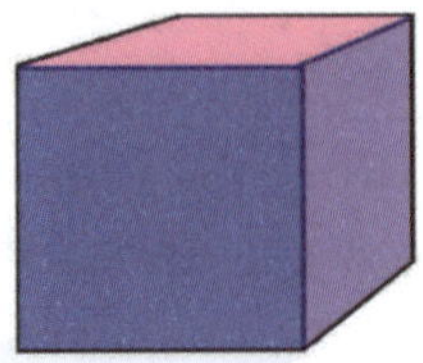

cubo

paralelepípedo

pirâmide

Subtração:

Operação matemática associada às ideias de retirar (quanto resta?), completar (quanto falta?) e comparar (quanto a mais?)

ideia de retirar

9 − 3 = 6

Unidades fundamentais de medidas:

O metro, o litro e o grama são exemplos de unidades fundamentais.

Metro
Unidade fundamental de medida de comprimento.

Litro
Unidade fundamental de medida de capacidade.

Grama
Unidade fundamental de medida de massa.

Livros

Reprodução/Editora Callis

A origem dos números, de Ji Won Lee, Majungmul. São Paulo: Callis.

Neste livro você vai fazer uma viagem pelo tempo a um passado muito distante e saber como as pessoas contavam números. Elas mostravam as quantidades, usando partes do corpo como: olhos, nariz, dedos das mãos, dedos dos pés e diferentes objetos como pedras, gravetos.

Reprodução/Editora Callis

Aprendiz de mágico, de Young So Yu e Yeon Jung Kim. São Paulo: Callis.

Dez aprendizes farão uma prova para se tornarem mágicos. Eles enfrentarão vários desafios. Enquanto você lê esta história, vai aprender mais sobre os números ordinais em uma gincana de adivinhação.

Reprodução/Editora Scipione

As Trigêmeas e o comprar por comprar, de Ricardo Alcântara. São Paulo: Scipione.

As Trigêmeas foram ao *shopping* comprar tudo de que precisavam para a viagem de férias com sua família. Depois de passar dias maravilhosos na praia, perceberam que não era necessário comprar tantas coisas para aproveitar a viagem...

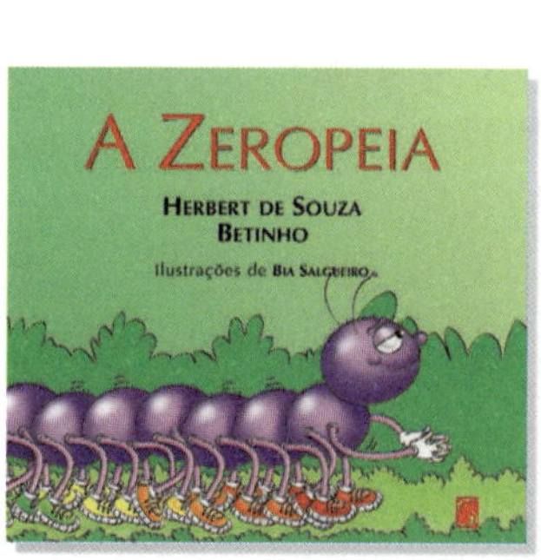

Editora Salamandra/Arquivo da editora

A Zeropeia, de Herbert José de Souza. São Paulo: Salamandra.
A centopeia precisa de cem patinhas para andar pela floresta, enquanto a barata precisa de apenas seis. O ser humano usa só duas pernas. Por que tantas diferenças?

Editora Ática/Arquivo da editora

Clact... clact... clact..., de Liliana e Michele Iacocca. São Paulo: Ática.

Uma tesourinha muito agitada resolveu sair por aí organizando todos os papéis picados que encontrou. A tesoura percebeu que esses papéis eram figuras geométricas, mas nunca ficavam do jeito que ela queria que ficassem.

Editora Moderna/Arquivo da editora

Do campo à mesa, de Teddy Chu. São Paulo: Moderna.

Para quem pensa que alimento cai do céu, este livro traz duas surpresas: apresenta o caminho dos alimentos e ainda passa algumas receitas gostosas.

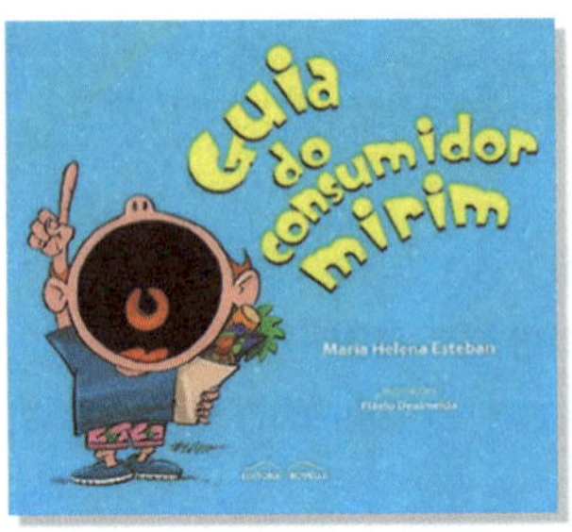

Reproduuo/Editora Razxo Cultural

Guia do consumidor mirim, de Maria Helena Esteban. Rio de Janeiro: Razão Cultural.

Às vezes você pede aos adultos que comprem muitas coisas no supermercado, não é mesmo? Mas você sabia que ao fazer compras precisamos saber se o produto não vai poluir o ambiente, se ele tem origem legal, entre outras coisas? Aprenda, com esse livro, a ser um consumidor consciente.

Editora FTD/Arquivo da editora

Os números, de The Walt Disney Company. Tradução de Luciano Vieira Machado. São Paulo: FTD.

Exercite seus conhecimentos de Matemática com alguns personagens que provavelmente você já conhece.

ALENCAR, E. M. S. S. (Org.). *Novas contribuições da Psicologia aos processos de ensino e aprendizagem*. 4. ed. São Paulo: Cortez, 2001.

ANTUNES, C. *Matemática e didática*. Petrópolis: Vozes, 2010.

ARRIBAS, T. L. *Educação Física de 3 a 8 anos*. Tradução de Fátima Murad. 7. ed. Porto Alegre: Artmed, 2002.

ASCHENBACH, M. H. C. V. *A arte-magia das dobraduras:* histórias e atividades pedagógicas com *origami*. São Paulo: Scipione, 2009.

BARRETO, F. C. *Informática descomplicada para educação:* aplicações práticas em sala de aula. São Paulo: Érica, 2014.

BICUDO, M. A. V.; BORBA, M. de C. *Educação matemática:* pesquisa em movimento. São Paulo: Cortez, 2004.

BRASIL. Ministério da Educação. Secretaria de Educação Básica. Fundo Nacional de Desenvolvimento da Educação. *Ensino Fundamental de nove anos:* orientações para a inclusão da criança de seis anos de idade. Brasília, 2006.

______. Ministério da Educação. Secretaria de Educação Básica. Fundo Nacional de Desenvolvimento da Educação. *Pró-letramento:* programa de formação continuada de professores das séries iniciais do Ensino Fundamental. Brasília, 2006. 7 v.

______. Ministério da Educação. Secretaria de Educação Fundamental. *Parâmetros Curriculares Nacionais:* introdução aos Parâmetros Curriculares Nacionais. Brasília, 1997.

______. Ministério da Educação. Secretaria de Educação Fundamental. *Parâmetros Curriculares Nacionais:* Matemática. Brasília, 1997.

______. Ministério da Educação. Secretaria de Educação Fundamental. *Referencial Curricular Nacional para a Educação Infantil*. Brasília, 1998.

CARVALHO, D. L. de. *Metodologia do ensino da Matemática*. 2. ed. São Paulo: Cortez, 1994. (Magistério 2º grau/formação do professor).

CENTURIÓN, M. *Números e operações:* conteúdo e metodologia da Matemática. São Paulo: Scipione, 1995.

CERQUETTI-ABERKANE, F.; BERDONNEAU, C. *O ensino da Matemática na Educação Infantil*. Tradução de Eunice Gruman. Porto Alegre: Artmed, 1997.

CÓRIA-SABINE, M. A.; LUCENA, R. F. *Jogos e brincadeiras na Educação Infantil*. Campinas: Papirus, 2004. (Papirus Educação).

CUBERES, M. T. G. *Educação Infantil e séries iniciais:* articulação para a alfabetização. Tradução de Cláudia Schilling. Porto Alegre: Artmed, 1997.

CUNHA, N. H. S. *Criar para brincar:* a sucata como recurso pedagógico. São Paulo: Aquariana, 2005.

DANTE, L. R. *Didática da Matemática na Pré-Escola:* por que, o que e como trabalhar as primeiras ideias matemáticas. São Paulo: Ática, 2007.

______. *Formulação e resolução de problemas de Matemática:* teoria e prática. São Paulo: Ática, 2009.

DEVLIN, K. *O gene da Matemática*. Tradução de Sérgio Moraes Rego.2. ed. Rio de Janeiro: Record, 2005.

DEVRIES, R. et al. *O currículo construtivista na Educação Infantil:* práticas e atividades. Tradução de Vinicius Figueira. Porto Alegre: Artmed, 2004.

FAINGUELERNT, E. K.; NUNES K. R. A. *Fazendo arte com a Matemática*. Porto Alegre: Artmed, 2006.

FAYOL, M. *A criança e o número:* da contagem à resolução de problemas. Tradução de Rosana Severino Di Leone. Porto Alegre: Artmed, 1996.

FONSECA, M. da C. F. R. (Org.). *Letramento no Brasil:* habilidades matemáticas: reflexões a partir do Inaf 2002. São Paulo: Global/Ação Educativa Assessoria, Pesquisa e Informação/Instituto Paulo Montenegro, 2004.

FRIEDMANN, A. *Brincar:* crescer e aprender: o resgate do jogo infantil. São Paulo: Moderna, 1996.

GOLBERT, C. S. *Matemática nas séries iniciais:* sistema decimal de numeração. Porto Alegre: Mediação, 1999.

GOULART, I. B. *Piaget:* experiências básicas para utilização pelo professor. 20. ed. Petrópolis: Vozes, 2003.

GUELLI, O. *A invenção dos números*. São Paulo: Ática, 1996.

HAEUSSLER, I. M.; RODRÍGUEZ, S. *Manual de estimulação do pré-escolar:* um guia para pais e educadores. Tradução de Magda Lopes. São Paulo: Planeta do Brasil, 2005. (Temas de hoje).

HUETE, J. C. S.; BRAVO, J. A. F. *O ensino da Matemática:* fundamentos teóricos e bases psicopedagógicas. Tradução de Ernani Rosa. Porto Alegre: Artmed, 2006.

JARANDILHA, D. *Matemática já não é problema*. São Paulo: Cortez, 2005.

KAMII, C. *A criança e o número:* implicações educacionais da teoria de Piaget para a atuação junto a escolares de 4 a 6 anos. Tradução de Regina A. de Assis. 35. ed. Campinas: Papirus, 2007.

______; DEVRIES, R. *Piaget para a educação pré-escolar*. Tradução de Maria Alice Bade Danesi. Porto Alegre: Artmed, 1991.

______; JOSEPH, L. L. *Crianças pequenas continuam reinventando a aritmética (séries iniciais):* implicações da teoria de Piaget. Tradução de Vinicius Figueira. 2. ed. Porto Alegre: Artmed, 2005.

KENSKI, V. M. *Educação e tecnologias:* o novo ritmo da informação. Campinas: Papiros, 2012.

LORENZATO, S. *Para aprender Matemática*. Campinas: Autores Associados, 2006. (Formação de professores).

LUCKESI, C. C. *Avaliação da aprendizagem escolar:* estudos e proposições. 18. ed. São Paulo: Cortez, 2006.

MACHADO, M. M. *O brinquedo-sucata e a criança:* importância do brincar: atividades e materiais. São Paulo: Loyola, 2001.

MACHADO, N. J. *Matemática e educação:* alegorias, tecnologias e temas afins. 4. ed. São Paulo: Cortez, 2002. v. 2. (Questões da nossa época).

MARINCEK, V. (Org.). *Aprender Matemática resolvendo problemas*. Porto Alegre: Artmed, 2001. (Cadernos da Escola da Vila, 5).

MENDES, I. A. *Investigação histórica no ensino da Matemática*. Rio de Janeiro: Ciência Moderna, 2009.

MOYSÉS, L. *Aplicações de Vygotsky à educação matemática*. Campinas: Papirus. 1997.

OLIVEIRA, G. de C. *Psicomotricidade:* educação e reeducação num enfoque psicopedagógico. Petrópolis: Vozes, 1997.

PALHARES, P. (Coord.). *Elementos de Matemática para professores do Ensino Básico*. Lisboa: Edições Lidel, 2004.

PANIAGUA, G.; PALACIOS, J. *Educação Infantil:* resposta educativa à diversidade. Tradução de Fátima Murad. Porto Alegre: Artmed, 2007.

PANIZZA, M. (Org.). *Ensinar Matemática na Educação Infantil e nas séries iniciais:* análise e propostas. Tradução de Antonio Feltrin. Porto Alegre: Artmed, 2006.

PARRA, C.; SAIZ, I. (Org.). *Didática da Matemática:* reflexões psicopedagógicas. Tradução de Juan Acuña Llorens. Porto Alegre: Artmed, 2001.

PERRENOUD, P. et al. *A escola de A a Z:* 26 maneiras de repensar a educação. Porto Alegre: Artmed, 2005.

RABELO, E. H. *Textos matemáticos:* produção, interpretação e resolução de problemas. Petrópolis: Vozes, 2004.

RÊGO, R. G.; RÊGO, R. M. *Matematicativa*. São Paulo: Autores Associados, 2009.

REIS, S. M. G. dos. *A Matemática no cotidiano infantil:* jogos e atividades com crianças de 3 a 6 anos para o desenvolvimento do raciocínio lógico-matemático. Campinas: Papirus, 2006. (Atividades).

Revista da Faculdade de Educação da Universidade Federal Fluminense. *Movimento:* prática pedagógica: prática dialógica. Rio de Janeiro: DP&A, n. 3, maio 2001.

SÁNCHEZ, P. A.; MARTINEZ, M. R.; PEÑALVER, I. V. *A psicomotricidade na Educação Infantil:* uma prática preventiva e educativa. Tradução de Inajara Haubert Rodrigues. Porto Alegre: Artmed, 2003.

SCHILLER, P.; ROSSANO, J. *Ensinar e aprender brincando:* mais de 750 atividades para Educação Infantil. Tradução de Ronaldo Cataldo Costa. Porto Alegre: Artmed, 2008.

SMOLE, K. C. S. *A Matemática na Educação Infantil:* a teoria das inteligências múltiplas na prática escolar. Porto Alegre: Artmed, 1996.

______; DINIZ, M. I. (Org.). *Ler, escrever e resolver problemas:* habilidades básicas para aprender Matemática. Porto Alegre: Artmed, 2001.

SMOLE, K. C. S.; DINIZ, M. I.; CÂNDIDO, P. (Org.). *Brincadeiras infantis nas aulas de Matemática*. Porto Alegre: Artmed, 2000. v. 1. (Matemática de 0 a 6).

______. *Figuras e formas*. Porto Alegre: Artmed, 2003. v. 3. (Matemática de 0 a 6).

______. *Jogos de Matemática de 1º a 5º ano*. Porto Alegre: Artmed, 2007. (Cadernos do Mathema).

______. *Resolução de problemas*. Porto Alegre: Artmed, 2000. v. 1. (Matemática de 0 a 6).

SMOLE, K. C. S.; DINIZ, M. I.; STANCANELL, R. *Matemática e literatura infantil*. Belo Horizonte: Lê, 1999.

SPODEK. B.; SARACHO, O. N. *Ensinando crianças de três a oito anos*. Tradução de Cláudia Oliveira Dornelles. Porto Alegre: Artmed, 1998.

SUTHERLAND, R. *Ensino eficaz de Matemática*. Porto Alegre: Artmed, 2009.

TAJRA, S. F. *Informática na educação:* professor na atualidade. São Paulo: Érica, 1998.

TOLEDO, M. *Didática de Matemática:* como dois e dois: a construção da Matemática. São Paulo: FTD, 1997. (Conteúdo e metodologia).

VILA, A.; CALLEJO, M. L. *Matemática para aprender a pensar:* o papel das crenças na resolução de problemas. Tradução de Ernani Rosa. Porto Alegre: Artmed, 2006.

Material de apoio

3º ANO

Caderno de criatividade e alegria

Goritza/Shutterstock/Glow Images

editora scipione

Quadrados mágicos

Ninguém sabe ao certo, mas parece que os quadrados mágicos foram descobertos por volta de 2200 a.C., na antiga China, pelo imperador Yu. Eles eram chamados de Loh-Shu. Os quadrados são “mágicos” porque a soma dos números em cada linha, coluna ou diagonal é a mesma.

4	3	8
9	5	1
2	7	6

Você consegue completar este quadrado mágico? Cada linha, coluna e diagonal deve somar 15.

	1	
3		
		2

Douglas Galindo/Arquivo da editora

Matemática divertida: adição, de Peter Patilla. Tradução de Gláucia M. Courtouké. São Paulo: Melhoramentos. (Texto adaptado).

Porta-lápis, porta-canetinhas e porta-trecos

Você vai precisar de:

- 3 tubos de papelão (de papel higiênico ou papel toalha);
- papel-cartão (de caixas ou embalagens desmontadas);
- faixas da página seguinte;
- tinta guache e pincel para pintar o tubo, ou papel colorido para encapá-lo (de preferência, recortado de revistas, folhetos e jornais usados).

Como fazer:

Recorte no pape-cartão três círculos com abas, do tamanho do diâmetro de cada tubo de papelão. Siga o modelo:

Dobre as abas de cada círculo e cole-as na base do tubo.

Pinte o tubo com tinta guache ou forre com papel colorido.

Ilustrações: Douglas Galindo/Arquivo da editora

Pinte as faixas da página seguinte, recorte-as na medida que achar adequada e cole-as nos respectivos tubos. Estão prontos seus porta-objetos!

Douglas Galindo/Arquivo da editora

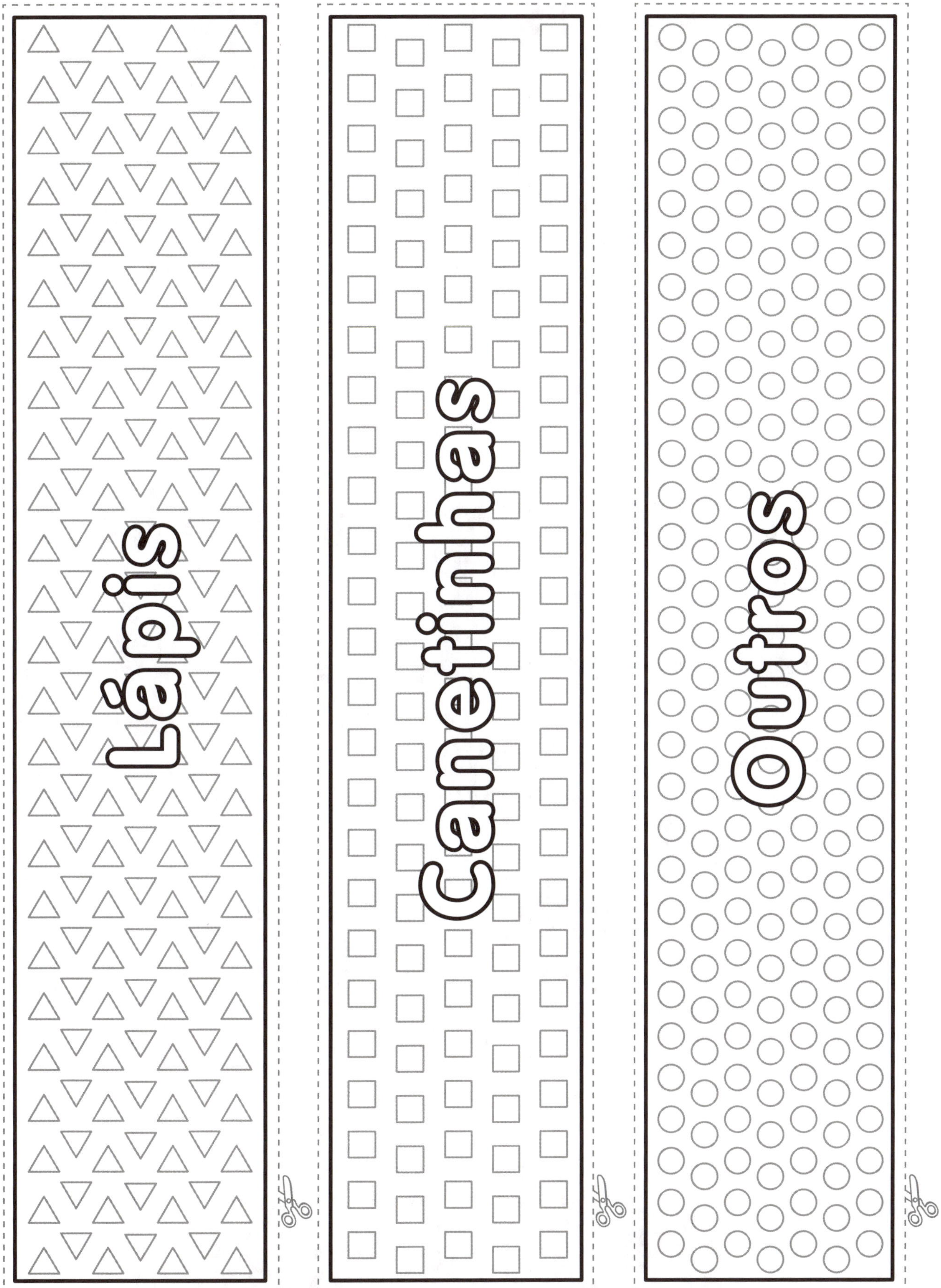

A simetria em cartões comemorativos

Crie cartões decorados para você presentear seus amigos ou familiares.

Você vai precisar de:

- papel colorido (espelho ou de seda);
- tesoura;
- cartolina;
- cola.

Como fazer:

Corte um pedaço do papel colorido no tamanho desejado para o cartão aberto. Depois siga os passos:

1

Dobre a folha ao meio.

2

Dobre em quatro.

3

Dobre em oito.

Fotos: Sérgio Dotta Jr./The Next

4

Faça alguns recortes nas laterais.

5

Abra.

6

Cole sobre um pedaço de cartolina e dobre ao meio.

Está pronto seu cartão!

Combinações

Maurício corre no clube da cidade. Ele tem 4 camisetas e 2 calções diferentes para compor seu uniforme.

- Destaque o corredor e as peças da página seguinte. Faça todas as combinações possíveis e registre-as por meio de desenho no espaço abaixo.

Maurício poderá se vestir com .... combinações diferentes.

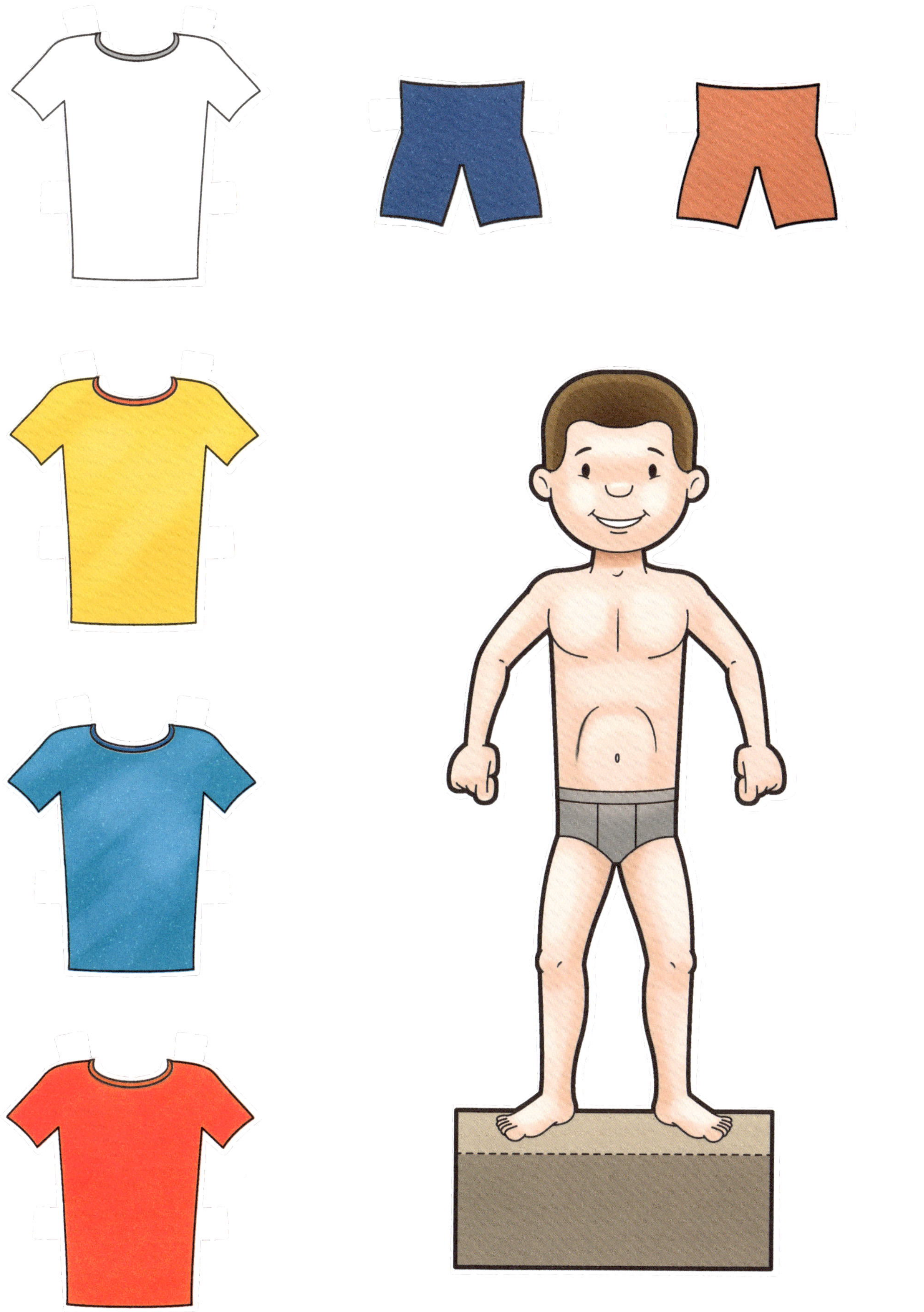

Ilustrações: Douglas Galindo/Arquivo da editora

Vista frontal, lateral e superior

Observe as diferentes visões que temos de uma televisão:

- Vista frontal (de frente)

- Vista lateral (de lado)

- Vista superior (de cima)

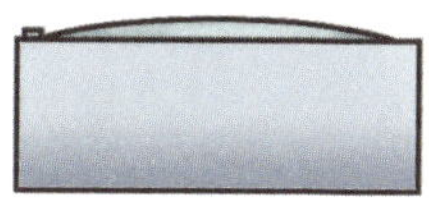

Ilustrações: Douglas Galindo/Arquivo da editora

Destaque os sólidos geométricos da página 13. Posicione-os sobre uma mesa e observe-os de frente, de lado e de cima. Registre na tabela abaixo as formas geométricas que você observou:

	Vista superior	Vista frontal	Vista lateral
pirâmide			
paralelepípedo			

- Agora pinte um dos lados de cada sólido com tinta guache e use-o como carimbo para fazer um desenho no espaço abaixo. Utilize também a régua geométrica da página 15 para ilustrar outras formas.

DOBRE E COLE AQUI.

DOBRE E COLE AQUI.

DOBRE E COLE AQUI.

DOBRE E COLE AQUI.

DOBRE E COLE AQUI.

DOBRE E COLE AQUI.

DOBRE E COLE AQUI.

DOBRE E COLE AQUI.

DOBRE E COLE AQUI.

DOBRE E COLE AQUI.

DOBRE E COLE AQUI.

Régua geométrica

Material de apoio

3º ANO

Caderno de jogos

Goritza/Shutterstock/Glow Images

editora scipione

Material dourado: corrida do milhar

Vocês vão precisar de:

- 2 dados;
- peças do material dourado.

Como jogar:

O jogo deve ser realizado em duplas ou em pequenos grupos, definindo-se quanto tempo durará cada partida: 10 minutos, por exemplo.

Cada aluno, na sua vez, joga os dados e soma os pontos obtidos. Depois é preciso separar as peças do material dourado que correspondem à soma dos dados.

- Ao completar 10 cubinhos, troque-os por uma barra.
- Completando 10 barras, troque-as por uma placa.
- Por fim, completando 10 placas, você vai trocá-las pelo cubo (mil).

Vence o jogo quem tiver a maior pontuação ao final do tempo combinado ou aquele que conseguir um cubo primeiro.

Nome: ______________________________

Ano: ______________________________

DOBRE.

COLE A

COLE B

DOBRE.

COLE A

COLE B

Quebra-cabeça

Destaque as peças do quebra-cabeça da página 9 e monte no quadro abaixo. Relacione os números indo-arábicos aos romanos.

XXXV	XIX	XI	L
XXXIX	XXV	XXI	XXXIV
XL	XXIX	XX	XLIX
XLV	IX	XV	XXVI

39
20
50
21
11
9
40
19
34
15
29
49
35
26
45
25

Jogo das medidas

Respostas

Centímetro: lápis, caderno, papel.

Metro: pista de corrida, corredor, poste, tecido.

Quilômetro: estrada, rio.

Grama: queijo, salgadinho.

Quilograma: pacote de açúcar, pacote de arroz, batata.

Litro: água da piscina, caixa de suco.

Mililitro: lata de suco, xarope.

Nome: ____________________

Ano: ____________________

DOBRE.

COLE A

COLE B

DOBRE.

COLE A

COLE B

Jogo das medidas

Forme grupos de 3 ou 4 integrantes. Destaque as cartas da página 15, vire-as para baixo e depois embaralhe.

O primeiro jogador pega uma carta e diz o que aparece nela. Ele deve colocá-la em um dos espaços do quadro abaixo, de acordo com a unidade de medida empregada normalmente para fazer sua medição.

Outro jogador confere a resposta no envelope do jogo, que deve ficar virado, com as respostas para baixo. Se a peça foi colocada no lugar certo, ela continua na tabela e será a vez do próximo. As cartas deverão ser empilhadas, formando montinhos em seu respectivo espaço.

Quem errar pega essa e também todas as outras cartas que estiverem no monte. Então será a vez do jogador seguinte.

Vence a criança que tiver menos cartas no final.

Centímetro	Metro	Quilômetro
Grama	Quilograma	Litro
	Mililitro	

Ilustrações: Douglas Galindo/Arquivo da editora

Material de apoio

3º ANO

Caderno de ideias em ação

Lorely Medina/Shutterstock/Glow Images

editora scipione

Brincando de compra e venda

Reprodução: Casa da Moeda do Brasil/Ministério da Fazenda

BANCO CENTRAL DO BRASIL
A F 013603598 2
DOIS REAIS
BANCO CENTRAL DO BRASIL
A A 036754302 5
CINCO REAIS
BANCO CENTRAL DO BRASIL
A F 041679634 10
DEZ REAIS
BANCO CENTRAL DO BRASIL
A E 015088398 20
VINTE REAIS
BANCO CENTRAL DO BRASIL
C A 017267290 50
CINQUENTA REAIS

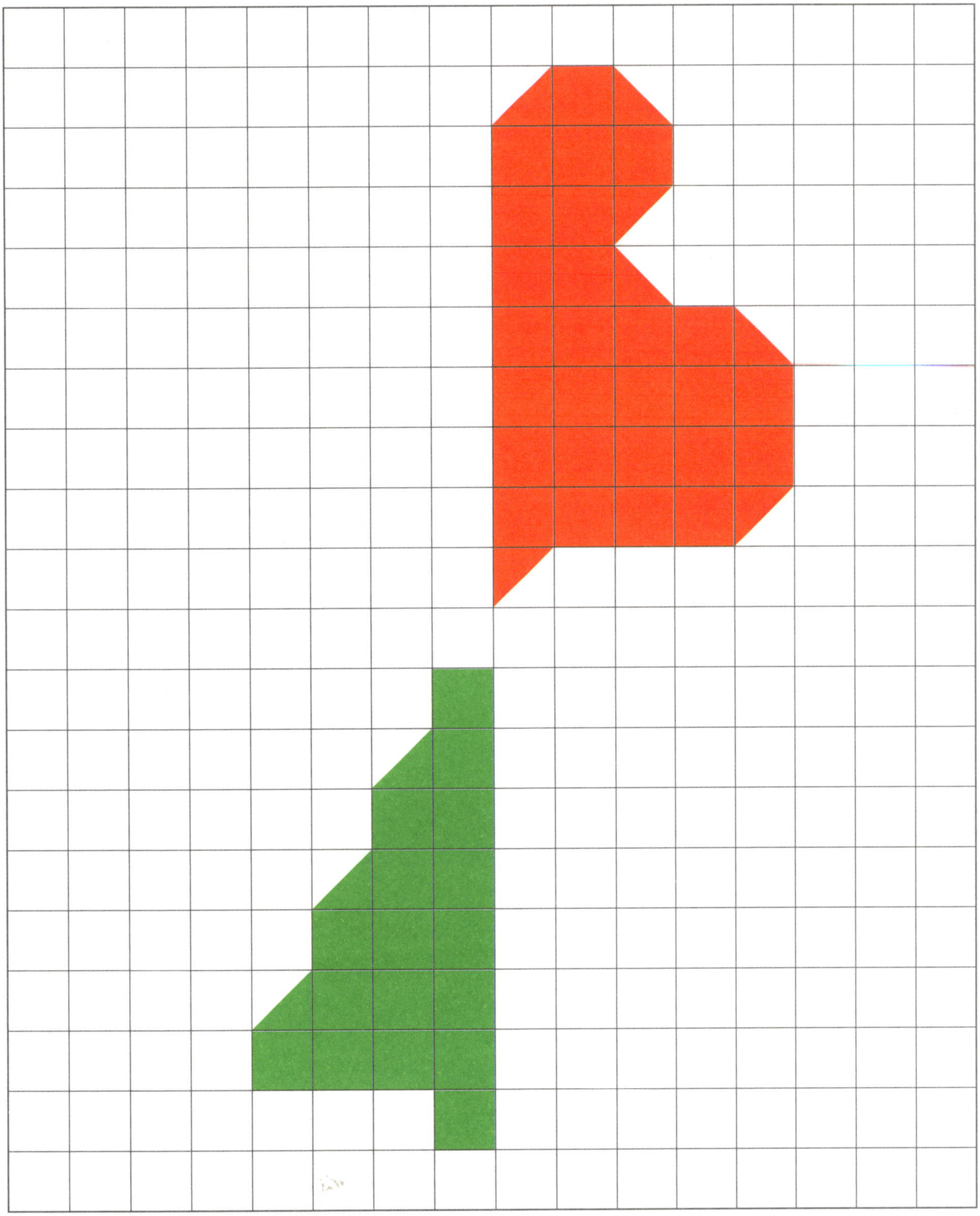

TABUADA DO 6

6 X 0 = 0
6 X 1 = 6
6 X 2 = 12
6 X 3 = 18
6 X 4 = 24
6 X 5 = 30
6 X 6 = 36
6 X 7 = 42
6 X 8 = 48
6 X 9 = 54
6 X 10 = 60

TABUADA DO 8

8 X 0 = 0
8 X 1 = 8
8 X 2 = 16
8 X 3 = 24
8 X 4 = 32
8 X 5 = 40
8 X 6 = 48
8 X 7 = 56
8 X 8 = 64
8 X 9 = 72
8 X 10 = 80

TABUA

9 X
9 X
9 X
9 X
9 X
9 X
9
9
9
9
9

TABUADA DO 7

7 X 0 = 0
7 X 1 = 7
7 X 2 = 14
7 X 3 = 21
7 X 4 = 28
7 X 5 = 35
7 X 6 = 42
7 X 7 = 49
7 X 8 = 56
7 X 9 = 63
7 X 10 = 70

DA DO 9

0 = 0
1 = 9
2 = 18
3 = 27
4 = 36
5 = 45
6 = 54
X 7 = 63
X 8 = 72
X 9 = 81
X 10 = 90

TABUADA DO 10

10 X 0 = 0
10 X 1 = 10
10 X 2 = 20
10 X 3 = 30
10 X 4 = 40
10 X 5 = 50
10 X 6 = 60
10 X 7 = 70
10 X 8 = 80
10 X 9 = 90
10 X 10 = 100